原著
第２版
Second edition

ワーキングメモリと発達障害

教師のための実践ガイド

トレイシー・アロウェイ
ロス・アロウェイ［著］
湯澤正通／湯澤美紀［監訳］

UNDERSTANDING
WORKING MEMORY

北大路書房

UNDERSTANDING WORKING MEMORY
(2nd edition)

by Tracy Packiam Alloway and Ross G. Alloway

English Language edition published by SAGE publications of London, Thousand Oaks and New Delhi and Singapore,

First published as 'Improving Working Memory' in 2011
Japanese translation published by arrangement with Sage Publications Ltd. through The English Agency (Japan) Ltd.

目次

第1章 脳のメモ帳 1

第2章 ワーキングメモリのアセスメント　26

第3章 読字障害（ディスレクシア）——限局性学習症1　47

第4章 算数障害（ディスカルキュリア）――限局性学習症② 77

第1章 脳のメモ帳

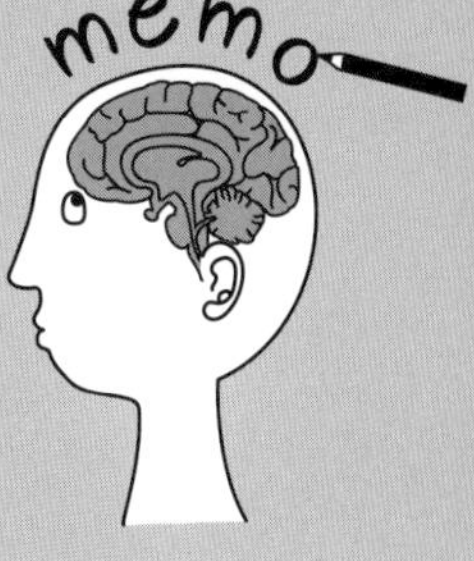

本章のポイント

- WHAT ワーキングメモリとは？
- WHERE ワーキングメモリは脳のどの部位で働いているか？
- WHY なぜワーキングメモリが学習と関連するのか？

本書をめぐる私の旅は、およそ10年前の10月、空が青く澄みわたったその日から始まりました。私は、こざっぱりとアイロンがけされた制服に身を包んだ、小さくそして意欲的ないくつもの顔に囲まれていました。そのとき、私は、国から助成を受けたプロジェクトの一環として、年少の子どもたちとかかわりながら、学業成績の高さと認知能力の関連について調べていました。

その日、6歳のアンドリューに出会いました。彼はとても目立つ存在でした。学校が大好きで、友だちもすぐにできました。授業ではいつも、熱心に活動し、教師の質問に対して挙手をしました。アンドリューは、なかでも「お話の時間」が一番のお気に入りでした。その時間、スミス先生にうながされて、子どもたちはみんなの前で短い話をします。アンドリューはそうした場面で話すのが大好きで、生き生きとおもしろいストーリーを作り上げるので、クラスのみんなも、アンドリューのお話を楽しみました。

学期が進むにつれて、私は、アンドリューが日々の授業の活動に困難を示し始めているのに気づきました。彼は、しばしば、教師の簡単な指示を忘れたり、まちがえたりしました。まわりの子どもたちは教科書をしまい、次の活動の準備を始めているときも、アンドリューは教室の真ん中に立ちつくし、困った顔をしてまわりを眺めていました。スミス先生が、「どうして立っているの?」とアンドリューに尋ねても、ただ肩をすぼめるだけでした。先生はアンドリューに、何をすべきか覚えておけるように指示を紙に書いてみてはどうかとうながしてみましたが、アンドリューは、机に戻るまでにその内容を忘れてしまっていました。

最も大きな問題は、文字を書くときに生じるようでした。彼はしばしば混乱し、同じ文字をくり返し書いてしまいます。自分の名前でさえもまともに書けませんでした。たとえば、AndrewのうちAを2回綴ったり、最後のWを忘れたりしていました。スミス先生は、文字を正しく目で追えるようアンドリューを黒板の前に座らせてみたりもしましたが、うまくいきませんでした。

スミス先生はついに途方に暮れてしまいました。スミス先生は、いつもアンドリューに指示をくり返す必要がありましたが、アンドリューが聴いているようには見えませんでした。まるで先生の言葉が、アンドリューの耳の一方から他方へ素通りしていくようでした。あるとき、支援員の先生が、机についたまま何もしていないアンドリューに気づきました。そして、アンドリューに「どうして課題をしないの?」と尋ねました。すると、彼は頭をうなだれて、「忘れちゃったんだ。時どきわからなくなっちゃう。先生に叱られると思ってビクビクしちゃう」とつぶやいたのです。

彼の両親は、私に支援を求めてきました。両親はアンドリューが学習障害を抱えているのではないのかと心配していました。そこでさまざまな心理検査を行ないました。驚いたことに、彼のＩＱは平均でした。しかし、学年末には、彼の学力はクラスで最低レベルになっていました。

2年後、私はその学校に戻り、子どもたちに追跡調査を行ないました。アンドリューは別人のようになっていました。彼は、国語と算数で最も低いグループに入れられていました。以前よりも、すぐにイライラし、授業に参加さえしようとしなくなりました。特に、書くことが含まれると、そうでした。成績は低く、課題を最後までやり遂げることなく提出することもよくありました。ただし、運動場にいるときだけは幸せそうでした。

私はアンドリューのその後を追跡することはできませんでしたが、決して彼を忘れたことはありませんでした。彼の抱える困難さに直面したことで、私はさらに調査を進めることにしました。どうすれば、アンドリューのような、自分のせいではないのに、教室で困難を抱える多くの子どもたちに支援することができるのでしょうか？　この本は、ワーキングメモリという、学習の基礎となる認知的スキルについて書かれています。そして、適切な援助がありさえすれば、アンドリューのような子どもが、学校生活の日々をフラストレーションで満ちた経験として思い起こすことはなくなるのです。

基礎となる学習スキル

ワーキングメモリとは、情報を処理する能力のことですが、それを含まない授業活動を想像することはむずかしいでしょう。実際に、子どもがワーキングメモリを使わずに学習することはありません。指示に従うことから文章を読むことまで、なじみのない単語を聞き取ることから数学の問題を計算することまで、授業中に子どもがすることのほとんどすべてに、情報を取り扱うことが求められます。たとえば、理科の教科書を取り出し、289ページを開くといった単純なことを求められたときでさえ、子どもたちはワーキングメモリを使わなければいけません。教科書が、カバンの中ではなく机の中にあることを思い出し、どの本が理科の教科書かを確認し、そしてようやく、ぶ厚いページの中から当たりをつけて正しいページを見つけだします。つまり、これだけの多くの情報を子どもたちは扱わなければならないのです。もしうまく当たりをつけられずに教科書を開いたときでも、子どもたちはワーキングメモリを使って、前後のページをめくり返して、最終的に２８９ページを見つけだします。

たいていの子どもたちは、すばやく本を見つけだし、正しいページを開くことができるだけの十分なワーキングメモリをもっています。しかし、どのクラスの中にもだいたい10%ぐらいの割合で、そうしたワーキングメモリをもっていない子どもたちがいます。注意集中ができなくてしばしばボーッとしている子ども、潜在的な力を発揮できていない子ども、やる気を失っているように見える子どもが、この10%に当てはまるかもしれません。以前は、クラスの下位にいる子どもはやる気を失っていました。なぜなら彼らの問題は克服できないように思われていましたし、補習授業のような基本的な改善策では解決にいたらなかったからです。しかし、ワーキングメモリに働きかけることで、こうした子どもたちの多くが能力の改善をみせたという証拠が示されています。ワーキングメモリとは授業活動の基盤となる能力です。そして適切に支援することで、まわりについていけなくて困っている子どもたちの可能性を開くことができます。

WHAT ワーキングメモリとは？

ワーキングメモリをとらえる一つの方法は、脳の「メモ帳」という考え方です。私たちは、覚えておく必要のあることを頭の中で走り書きします。情報を覚えておくことに加え、情報を処理したり管理したり、気が逸れたときでさえワーキングメモリを利用しています。にぎやかなクラスの中では、友だちが話していたり、鉛筆が落ちたり、紙がガサガサと音を立てたりしています。その中で、子どもは、無関連な出来事は無視し、やりたいことに集中するためにワーキングメモリを使わなければなりません。

ワーキングメモリは、学校での多様な活動で非常に重要な役割を果たします。それらの活動は、文章を理解したり、計算をしたり、黒板を書き写したり、学校の周辺で行き先を探したり、ということも含みます。授業の中で、私たちは指示を思い出したり、言葉を学んだり、文章題を解いたりするために、**言語性ワーキングメモリ**を使います。**視空間性ワーキングメモリ**は、算数のスキルや、パターンやイメージや場所に関する順序の記憶と関連しています。以下、クラスの中でワーキングメモリが必要とされる活動をあげてみます。

言語性ワーキングメモリを要する学習活動

・**長い指示を記憶し、実行すること**：ここでは、1年生のクラスから例をあげます。「紙を緑色のテーブルの上に置いて、矢印カードをポケットの中に入れて、鉛筆を片づけて、そしてここに来てカーペットの上に座りなさい」という指示をされても、ワーキングメモリの小さい子どもは、直近の指示であるカーペットの上に座るといったことしかできません。なぜなら、彼らは直近の指示以外は忘れてしまうからです。

・文を記憶し、書き写すこと：単語、文章、段落いずれも含みます。
・同じ音をもつ単語のリストを覚えること：（たとえば、「まる」「まき」「かま」「どま」）
・複雑な文法構造をもつ文を覚えること：たとえば、「お姫様を助けるために、騎士はドラゴンと戦った」という文は、「騎士はドラゴンと戦い、お姫様を助けた」と言い換えると、よく覚えることができるでしょう。

視空間性ワーキングメモリを要する学習活動

・頭の中で算数の問題を解くこと
・黒板の文を正しく書き写すこと：ワーキングメモリの小さい子どもは、しばしば同じ文字をくり返し書いたり、文字を飛ばして書いたりします。
・写真やイメージを用いてお話すること：ワーキングメモリの小さい子どもは、お話の中の出来事の順番に混乱したり、重要な出来事でさえ忘れてしまいます。
・順番に並んだ数字の中で抜けている数字を見つけだすこと：（たとえば、0、1、2、＿、4、5、＿、）

ワーキングメモリ対 短期記憶

ワーキングメモリと短期記憶は明らかな違いがあります。短期記憶とは、ふつうは数秒といった短い時間に覚える情報と考えられます。黒板に書いてある何かを見るときに子どもたちは短期記憶を使います。たとえば、42＋18です。その数式をノートに書き写す間、覚えています。これは短期記憶です。しかし、問題を解くために、子どもたちはワーキングメモリを使います。たとえば、40に10を加えると50になります。この50を頭にとどめておいて、次に2に8を加えます。そして、両方の答えを合わせて60にする。ワーキングメモリとは、覚えている情報を「**働かせて**いる（working）」ことだと考えてください。

ワーキングメモリ対 長期記憶

ワーキングメモリと長期記憶もまた明らかな違いがあります。子どもにとっては、学校で教わった一連の勉強の中で、蓄積してきた図書館のような知識が長期記憶です。たとえば、（6 × 4 ＝24）という算数的な事実や、「促音は小さい『っ』で表現する」「主語の次の『わ』の音は『は』と書く」などの綴りのルール、理科や歴史の知識、音素が作り出すさまざまな音等。これらは長期記憶です。ワーキングメモリは、必要なときに図書館から適切な知識を取り出してくれる図書館司書みたいなものです。もしあなたがある子どもに、「アメリカ合衆国の初代の大統領は?」と尋ねたとすると、長期記憶の中から情報を探し出して、「ジョージ・ワシントンです」と見つけだすのがワーキングメモリなのです。

トライ：言語性ワーキングメモリ

次の文を読み、それが〝正しい〟か〝まちがっている〟か、答えてください。

1．バナナは水中に生えている：正しい／まちがっている
2．花はよい匂いがする：正しい／まちがっている
3．犬は４本足である：正しい／まちがっている

次に、右の文を見ないで、各文の最初の単語を順番通り、正確に思い出すことはできますか？すべて正解できたら、喜んでください。あなたのワーキングメモリは、７歳児の平均を超えています。これはオートメーティッド・ワーキングメモリ・アセスメント（Automated Working memory Assessment: AWMA）のリスニングスパンテストの一例です。そのテストは、言語性ワーキングメモリを評価するためのものです。

言語性ワーキングメモリとは、聴覚的な記憶のことです。このようなテストでは、文が音声で提示され、テストを受ける者は、それを声に出してくり返すよう求められます。第２章ではワーキングメモリの弱さを明らかにするためのテストについてみていきます。

WHERE it is

ワーキングメモリと脳

脳のイメージング研究によると、「トライ」コラムで紹介したようなワーキングメモリ課題を行なう際、脳の前頭前皮質（prefrontal cortex: PFC）の神経が活性化することが明らかになっています。私たちがワーキングメモリを使うとき、ＰＦＣもまた脳の他の部分と一緒に働きます。たとえば、新しいレストランへ道案内するといったような視空間性の脳機能を発揮させる際、（空間情報処理の基地である）海馬（hippocampus）が活性化し、ワーキングメモリによってそのレストランの記憶が引き出され、私たちが現在どこにいて、どこに行けばよいかを決定するのです。他方、私たちが就職面接で質問に答えるといった言語情報に集中する際には、適切な返答を作り出すために、ワーキングメモリによって脳のブローカ野（Broca's area）のような「言語センター」の記憶が引き出されます。

ワーキングメモリの成長

ワーキングメモリの成長は、前頭前皮質の発達と並列して進んでいきます。私たちは、５歳から80歳までの数千人の人々を対象にした研究を実施し、ワーキングメモリがそれぞれの年齢でどれほど成長しているかを見つけだしました（図１-１）。最も急激なワーキングメモリの成長は子ども時代にみられます。生まれてから最初の10年間は、人生の中で最も大きくワーキングメモリが増加します。その後、30

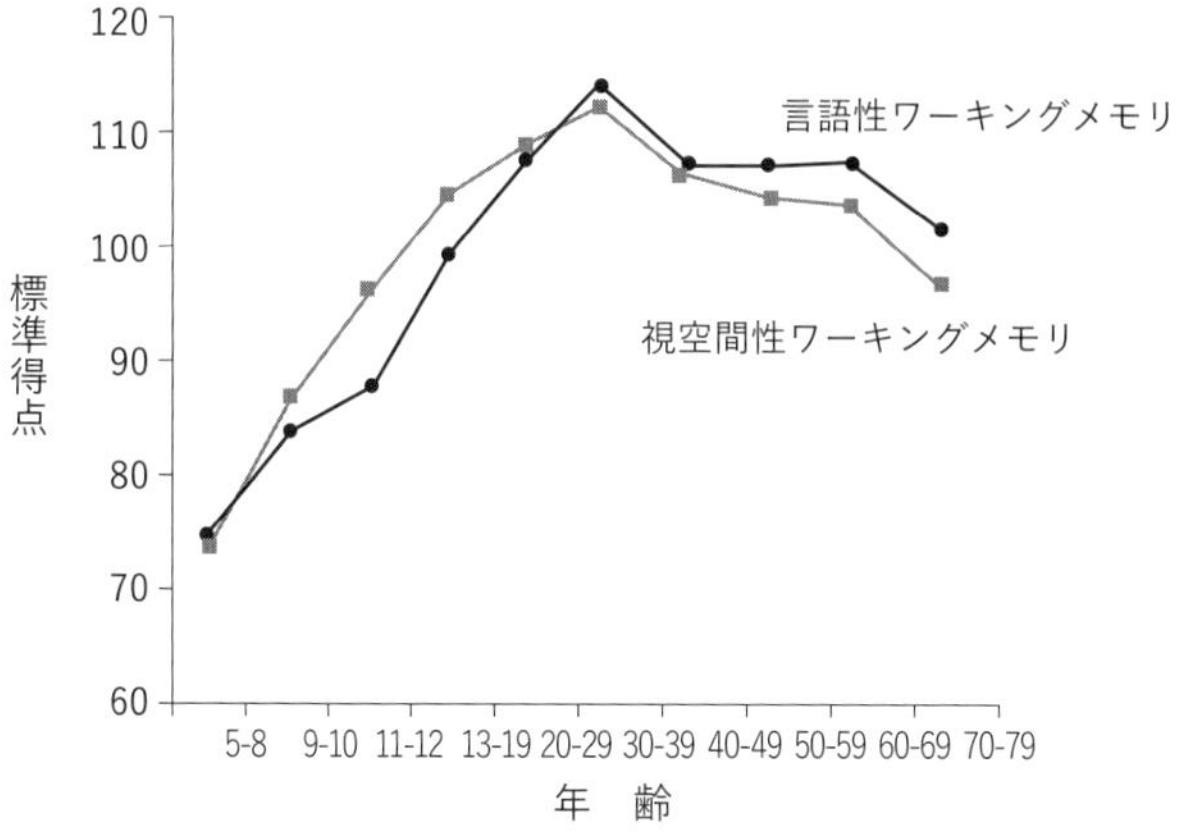

図 1-1　ワーキングメモリの成長

歳までは着実にワーキングメモリの容量は増えます。この時点で、ワーキングメモリは最高点に到達し、しばらく横ばいの状態が続きます。25歳の平均で一度に覚えられる項目は5つから6つ程度です。その後、歳を重ねるにつれ、ワーキングメモリは小さくなり、覚えられる項目は、およそ3つか4つ程度になります。

ワーキングメモリがそれぞれの年齢で処理できる情報の量が、教室場面での学習に重要な意味をもってきます。私がシアトルで行なったセミナーに参加してくれたある教師が、どうして彼女の授業で子どもに自分の指示が通らないか理解できたとコメントをしてくれました。彼女は次のように子どもたちに指示していたそうです。「ノートを机に置いてください。色鉛筆は引き出しにしまって。お弁当を取り出します。そして、ドアのそばに一列に並んでください」。子どもは、ノートを片づけて、ドアのそばにきちんと並ぶどころではなく、あっちこっちに散らばって、教室は大混乱となっていました。彼女は、年齢ごとの平均的なワーキングメモリ容量について学んだあと、次のように述べました。「ようやくわかりました。私は子どもに一度に4つのことを言うことが多く、それは、子どもたちのワーキングメモリを超えてしまっていたのですね」。それぞれの年齢に応じたワーキングメモリ容量に対応する指示の数の簡単なガイドをここにのせておきます。

- 5－6歳：2つの指示
- 7－9歳：3つの指示
- 10－12歳：4つの指示
- 13－15歳：5つの指示
- 16－29歳：6つの指示

30歳を超えるまでは、ワーキングメモリのサイズは増加し続けます。ワーキングメモリがより大きくなるということは、私たちの脳のメモ帳でより多くの情報が処理できるということを意味しています。しかし、ワーキングメモリの成長が早い人たちがいます。ワーキングメモリがとても大きい7歳児について考えてみましょう。7歳児クラスに10歳児がいると想像してみてください。その子どもは、教師の話にすぐに飽きてしまいますし、誰よりも早く課題を終わらせることができるでしょう。何もすることがないので、イライラしてしまうかもしれません。これが、クラスメイトよりワーキングメモリが大きい子どもの姿です。あなたのクラスの10%の子どもがこのグループに当てはまります。

次に、それとは逆のことを考えてみましょう。ワーキングメモリの小さい子どもについてです。7歳児のクラスに4歳児がいると想像してみてください。その子どもは、先ほどの10歳児と同じようにフラストレーションを示すでしょう。しかし、先ほどとは反対の理由からです。授業は理解することがむずかしく、すぐに理解することをあきらめてしまうかもしれません。その子どもにとって、教師の話すスピードは速く、ついていけません。教師が話している単語の綴りのすべてを書くことができません。算数の問題で数を足し合わすことに困難を示します。本の単語の中に読めないものがあります。ワーキングメモリの小さい子どもたちはクラスの活動でしばしば困難を経験します。なぜなら、彼らは活動を達成するために必要な情報を頭にとどめておくことができないからです。結果として、彼らは学習する意欲を失ってしまいます。

WHY なぜワーキングメモリは後の学業を予想するのか？

ワーキングメモリは学習にとって非常に重要なので、子どもたちのワーキングメモリを把握することで、彼らのその後の学業成績を予測することができます。国の助成を受けた大規模な研究の一つで（Alloway et al., 2006）、数百人の幼児（5歳から6歳まで）を6年間追跡しました。ワーキングメモリの能力の高い子どもたちは読み・書き・算数もよくできていた一方で、ワーキングメモリの能力の低い子どもたちはこうした課題に苦しんでいました。6年後にこれらの子どもたちに再びテストを行ないました。5歳時のワーキングメモリの能力は、その後の読み・算数の標準的なテストの成績を非常によく予測していました（Alloway & Alloway, 2010）。

教室のようすを考えてみましょう。ある子どもたちは他の子どもたちよりも実力を発揮しています。前の席に座っている女の子にとっては簡単な課題が、その隣に座っている子どもにとってはなぜむずかしく感じるのでしょうか？　彼らは同じように座って授業を受けていますが、異なる結果を出しています。この質問に答えるために、学習障害をもつ8歳から11歳までの子ども集団を2年間追跡研究しました（Alloway, 2009）。彼らはたとえ支援員や特別授業のような教育的サポートを受けていたとしても、クラスの下位に位置したままでした。彼らの学習成果は改善されず、依然として学習につまずいていました。子どもたちはイライラを募らせ、行動上の問題も示すようになりました。なぜ彼らは改善を示すことができなかったのか？　彼らのワーキングメモリをより詳細にみていくとそれは明らかになりました。彼らのすべてがワーキングメモリの能力が低く、適切に情報を得ることができなかったのです。ちょうどパンクしたタイヤでレースに参加しているようなものです。彼らのワーキングメモリをサポートすることなしに、学習上の改善は不可能なのです。

ワーキングメモリとＩＱ

学習成果を予測するときに、ＩＱはワーキングメモリほど信頼性が高い指標ではありません。この発見は重要です。というのも、ＩＱは依然として学問的成功の鍵となる予測値として見なされており、そのＩＱが有益な指標ではないと提案しているからです。平均的なＩＱをもちながら、学習に問題を抱えている子どもは、この章の初めであげたアンドリューに見たとおりです。ＩＱ検査というのは、子どもがすでに学習した知識を測定するものです。もし子どもがそこでの課題がよくできたとするならば、それで問われた情報を彼らが知っているということなのです。

ＩＱでよく用いられる測度に語彙課題があります。もしあなたが、「自転車」「警察」といった言葉の意味を知っていれば、あなたのＩＱは高くなります。しかし、それらの言葉の意味を知らなかったり、それをうまく言えなかったりすれば、あなたのＩＱは低くなります。このように、ＩＱとは、どのくらいのことを私たちが知っているのか、そして、知っていることをどの程度うまく言えるのかといったことを測定するものであり、ワーキングメモリとは大きく異なります。

ＩＱ検査の得点は、子どもの生活背景や経験によって強く影響を受けます。ある研究で2つの異なる学校が調査されました。一つは都市部の学校であり、もう一つは近隣の貧困地域の学校でした（Alloway et al., 2014)。そのプロジェクトの一つとして、語彙課題を用いたＩＱ検査が行なわれました。語彙課題の中で「警察」という単語について、両者ではまったく異なる反応がみられました。都市部の子どもたちがあげた定義は、安全や制服についてのことであり、語彙課題の模範解答に対応していました。しかし、貧困地域の子どもたちの反応は、「警察なんて大嫌い」「悪い奴だ。だってパパを連れていっちゃったもん」といったようなものでした。両者の解答は子どもたちの経験から直接に導き出されたものですが、ＩＱの模範解答にマッチしているのはその中の一つにすぎません。

ワーキングメモリは学習の成功を示すよりよい予測値です。なぜなら、ワーキングメモリは子どもの**学習の潜在能力**を測定しているからです。一般的なワーキングメモリの検査は、提示された一連の数字を逆の順番で覚えてもらいます。もし子どもがこの検査をできないとするならば、それは彼らが数えることができないからだとか、数の大きさを知らないからではないのです。数字がわかるかどうかは問題ではありません。この課題でうまくいかないのは、あなたの脳のメモ帳には、３つか４つの単語を覚えておくのに十分な容量がないということです。ワーキングメモリが、就学前から大学までの学習を正確に予測することができるのは、それが、私たちの知っていることを測定するのではなく、学習する能力を測定しているからです。

サイエンス・フラッシュ

ワーキングメモリと衝動コントロール

ワーキングメモリはまた重要なスキルと関連があります。それは衝動のコントロールです。1960年代以降に続けて公表されている研究があります。スタンフォード大学の心理学者であるウォルター・ミシェル（Mischel, W.）は4歳から6歳までの子どもたち600人以上にマシュマロを1つ与える研究をしています。彼は子どもたちに以下のように話します。「もし私が部屋を出てから戻ってくるまでの間、マシュマロを食べずに待つことができたら、マシュマロをもう1つあげるよ。もし待つことができないならば、机の上に置いてある鈴を鳴らしてください。そしたら私がまた戻ってきますから、そしたらマシュマロを食べていいよ」。何人かの子どもはすぐにマシュマロを口に放り込みました。一方で、誘惑に耐えて2つのマシュマロというより大きな報酬を手にした子どもたちもいました。マシュマロを食べたいという誘惑に耐えることは、ワーキングメモリも影響しています。というのも、マシュマロを食べるという考えから気持ちをそらしつつ2つのマシュマロを食べるという計画を心に浮かべなければいけないからです。

ミシェルはこれらの子どもたちを何年にもわたって追跡していき、衝動をコントロールする能力がその後の人生において重要な役割を果たすことを明らかにしました。たとえば、

1990年代に行なったフォローアップ研究では、衝動のコントロールがうまくできて、2つのマシュマロを手に入れることのできた子どもたちは、標準化された達成テスト（SAT）でより高い得点をあげました。ミシェルはまた大人になった子どもたちに別の検査をしてみました。彼は衝動のコントロールを含む認知的課題を行ないながら脳の画像を撮りました。マシュマロの誘惑に耐えることができた子どもたちは、脳の前頭前皮質（ワーキングメモリが働く場所）がとても活性化していたし、大人になっても同様の衝動のコントロールを達成することができていました。しかしながら、子どものときにマシュマロの誘惑に耐えることができなかった大人たちは、脳の前頭前皮質が活性化していませんでした。ワーキングメモリは私たちの衝動をコントロールし、よい決断をくだすための重要な認知的スキルなのです。そして、そのことが私たちの長期的な目標達成のための一助となるのです。

ワーキングメモリの問題

ベンがドアのほうから歩いてきました。顔をこわばらせ、母親が彼にあの嫌な質問をするその瞬間にビクビクしていました。「成績表を見せてくれる?」。ベンは鞄からそれを取り出します。手は汗ばみ、震えていました。母親は1学期の成績を読みながら、ため息をつきます。「次はがんばりましょう」。残念ながら、がんばるだけでは何も変わりません。ベンと同じように多くの子どもが毎日とてもがんばっているにもかかわらず、やはりそれでもうまくいきません。

ベンのような子どもは学習障害と診断されてはいませんが、成績の低い層にいました。ある子どもが低い学業成績を示したとき、しばしば教師や心理学者たちは、その子どもが注意欠如・多動症（ＡＤＨＤ）や読字障害（ディスレクシア）のような特殊な問題を抱えている証拠を探そうとします。そして、その証拠が見いだせないとき、その子どもは〝怠けている〟とか必要な努力をする意思がないといった誤解をされてしまいます。こうした子どもたちのワーキングメモリは小さいということを理解するのは重要です。というのも、彼らのワーキングメモリを支援しなければ、成績をあげるためのいかなる努力も効果がないからです。

ワーキングメモリは、言語から算数、そして歴史から芸術まで、すべての学習に影響を与えます。ベンみたいな子がどんなに一生懸命に頑張ったとしても、友だちに追いつくことはできないでしょう。もしワーキングメモリが原因で幼稚園での学習成績が低い子どもがいれば、彼らは高校生になるまですべての学習において低い成績を示すことになるでしょう。私の行なった研究では、２年前にワーキングメモリが小さいと診断された10代の若者たちが、その後も依然として低い成績のままだったことがわかりました（Alloway, 2009）。

学年が上がるにつれて、こうした子どもたちの学習の差は大きくなり、学習経歴を通して苦しみ続けるでしょう。小さいワーキングメモリのために、学習に困難を示している6歳の子は、適切な介入なしにはクラスの仲間に追いつくことはできないでしょう。国の助成を受けた研究で、ワーキングメモリが小さい6歳の子どもと11歳の子どもを比較した研究があります。その研究において、子どもが年長になるにつれて、ワーキングメモリの影響は累積していき、結果として学習の差は広がっていきました(Alloway et al., 2009)。

こうした成績の違いは、2つの年齢グループの教室環境から、部分的に説明できるかもしれません。低学年グループの場合、学習支援員などの大人からの付加的なサポートを受けやすく、また、教室内に子どもが利用可能な記憶の補助が用意されている場合が多くあります。しかし、年齢が高くなると、彼らはより自立的に学習することが期待されるので、自分で学習方略を考える必要があります。また、高学年の子どもの授業では、教師は、より長くて複雑な文を用いるようになるので、ワーキングメモリに依存した学習が求められます。ワーキングメモリが小さければ、重要な学習のスキルや概念を身につけることが困難になります。これらの基礎となるスキルや概念が身についていなければ、クラスの仲間についていくことはできません。加齢とともに、学習内容がむずかしくなることと、学習の基礎が十分でないことが組み合わさり、他の子どもたちに大きく遅れをとることになります。

こういうわけで、初期の診断とサポートが重要になってきます。大学生の子どもをもつ両親と話をすることがありますが、彼らはたいてい涙ながらに訴えます。「自分の子どもがもっと小さいときに、ワーキングメモリについて知っておきたかったです。そうすれば、それがどれほど子どもたちの助けになったでしょう。そして今、大学で、1つのテストに合格するのにも、なんと苦労していることでしょう」。

しかし、嬉しいニュースとしてここでお伝えしておきたいことは、ワーキングメモリを改善させることで成績を向上させることはできるということです。

ワーキングメモリと学習障害

ワーキングメモリが小さく、かつ、学習障害がある子どももいます。実際、ある子どもが学習障害であるならば、多くの場合、ワーキングメモリは小さい傾向にあります。このように、学習障害のある子どもは**二重の脆弱さ**があります。つまり、〝中心的な問題〟とワーキングメモリに関する2つの脆弱さです。本書で紹介する学習障害は、それぞれ異なる〝中心的な問題〟を抱えています。たとえば、読字障害（ディスレクシア）の子どもは、読み全般に問題があり、算数障害（ディスカルキュリア）の子どもは一連の算数の問題が苦手であり、発達性協調運動症（DCD）を有する子どもは、運動上の障害を有しています。注意欠如・多動症（ADHD）児は、行動の抑制とコントロールにむずかしさを抱え、自閉スペクトラム症（ASD）児は、社会的なスキルと言葉の使用においてむずかしさをもっています。

そして、不安症群の子どもは、心配事のために過度にワーキングメモリに負担がかかっています。

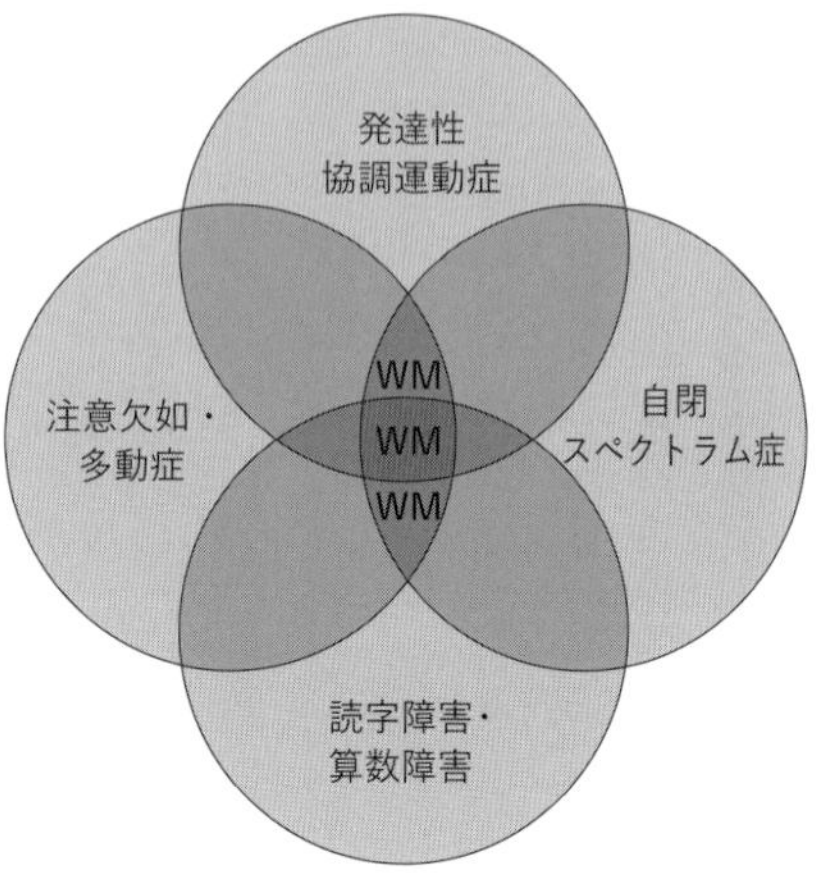

図 1-2　学習の困難と発達障害との関連

それぞれの障害をもつ子どもの特徴は異なっていますが、何か共通していることはないでしょうか？　図1-2に示すように、彼らは皆ワーキングメモリの弱さを抱えています。もちろん、ワーキングメモリの小ささが、それぞれの障害の中心的な問題を引き起こしているというのではありません。しかしながら、ワーキングメモリの弱さは、別の問題としてその他の問題とともに存在し、ついには学習上のむずかしさを引き起こしています。たとえば、ワーキングメモリの問題は、運動上の問題を引き起こすことはありませんが、運動障害を有する子どもは、ワーキングメモリに問題を抱えているため、ＩＱの高低にかかわらず、学習上の問題を示します。このことは、第5章でみていきます。本書を通して、私たちが学ぶことは、それぞれの障害を有するグループには、ワーキングメモリの強い面と弱い面があるということです。それがなんであるのかといったことを知ることが、目標を絞った支援を行なっていくうえで、とても大切です。

本書は、こうした子どもたちに向けた支援方法を紹介していきます。ここで扱う障害は、読字障害、算数障害、発達性協調運動症（DCD）、注意欠如・多動症（ADHD）、自閉スペクトラム症（ASD）、不安症群です。各障害は、『精神疾患の診断・統計マニュアル（*DSM-5: Diagnostic and Statistical Manual of Mental Disorder, Fifth Edition*）』（APA, 2013）にも、記載されています。同書は、アメリカ精神医学会（American Psychiatric Association: APA）が発刊しているものであり、障害に対する主要な診断マニュアルです。各障害の診断基準は、妥当性・信頼性のある情報源として、医療従事者、研究者、関連領域の専門家により、世界中で利用されています。DSMに記載されることが、ある意味、その障害の存在を根拠づけることになります。DSM中の障害を有していると診断された子どもは、「特別な支援を要する」と認定されます。実際には、しばしば、その障害と、学習上の遅れとの関連が認められてはじめて、特別な支援を受けるための要件を満たしていると見なされます。

本書の概観

それぞれの章では以下のことについて述べていきます。WHAT 各障害についての説明、WHERE 障害をもつ子どもたちの脳の中の働き、WHY なぜワーキングメモリが障害と関連するのか？ HOW ワーキングメモリを支援する方略、です。2種類の支援方法があります。一つはクラスにいるすべての子どもに適用可能な**一般的なワーキングメモリ方略**であり、もう一つは、各種の学習の困難さをもつ子どもに**特化したワーキングメモリ方略**です。最終章（第9章）では、学習の際に子どもたちが励まされるようなツールを紹介します。多様な学習の困難をもつ子どもたちをサポートする目的は、クラスの中で彼らがどうにかやっていけるようにするといったようなものではなく、その中で彼らが大きく成長できるようにすることです。本書で示すさまざまな方法は、学習の足場やサポートとなり、彼らのワーキングメモリの潜在的能力を開かせ、学力を向上させることができるでしょう。そこでの方法は、インクルーシブカリキュラムの一側面として、授業の中に容易に取り入れることができますし、特定の個人のための個別教育計画（individual education plan: IEP）を開発していくうえでも用いることができます。また、そうした方略を、自閉スペクトラム症の子どもに対するソーシャルスキルプログラムや、注意欠如・多動症児に対する行動修正など、核となる障害の支援プログラムを補うものとして役立ててほしいと思います。それぞれの章は、以下のこともまた含んでいます。

- トライ：読者の実践的な理解のための材料を提供します。
- サイエンス・フラッシュ：それぞれの章に関連する最新かつ興味深い研究について、知ることができます。
- 論点：その障害に関連した論争中の問題について考えます。

ワーキングメモリは支援する教師を必要とします。過去20年にわたる多くの文献や書物や調査研究が伝えるところでは、教師がこうしたことに関心を向け、ワーキングメモリに問題を抱える子どもを探し出し、彼らが必要としている援助を与える必要があります。ワーキングメモリとは基本的な認知能力ですが、その支援には今までとは異なるアプローチをとる必要があります。

要約

1. ワーキングメモリは情報を操作（work）する能力であり、脳のメモ帳のようなものだと考えられます。
2. ワーキングメモリはＩＱよりも学業成績をより正確に予想します。ワーキングメモリは、すでに学習したことではなく、子どもの学習可能性の指標だからです。
3. ワーキングメモリの欠損は幅広い学習障害につながります。たとえば、読字障害、算数障害、発達性協調運動症（ＤＣＤ）、注意欠如・多動症（ＡＤＨＤ）、自閉スペクトラム症（ＡＳＤ）、不安症群などです。

第2章 ワーキングメモリのアセスメント

本章のポイント

・ワーキングメモリの不足をスクリーニングするための標準化テスト
・授業中の振る舞いからワーキングメモリの障害を理解する
・ワーキングメモリの下位検査を含む知能検査

ワーキングメモリに困難さを抱え、それによって学習に影響が及んでいる子どもがいることに気がつく教師が増えています（Alloway et al., 2012）。どのクラスでも10〜15%の子どもがワーキングメモリの問題を抱えているとされていますが、問題が特定されるのは、その中でもほんのわずかです（Alloway et al., 2009a)。これは、ワーキングメモリを調べる課題の多くが標準化された知能検査の一部であり、検査の実施者には、心理検査の経験が求められ、検査はたいへんな労力を要するためです。このような検査を行なうことができる人の数が限られているため、ワーキングメモリの問題を抱える子どもの数よりも、検査を受けることのできる子どもの数は絞られてしまいます。依然として、ワーキングメモリの問題を抱える子どもの大多数は特定されないままとなっています。誰がワーキングメモリの問題を抱える子どもなのかを知らないままでは、彼らを支援することはできません。そして、そのような子どもたちの多くは、学校教育をもがきながら終えることになるでしょう。しかし、過去10年で、子どものワーキングメモリ測定を正確に行ない、認知的状態を把握することに積極的な関心をもっている教師や学校心理士向けに、オートメーティッド・ワーキングメモリ・アセスメント（Automated Working Memory Assessment: AWMA[訳者注], Alloway, 2007）と呼ばれる系統的なツールが作成されました。

［訳者注］ＡＷＭＡは、イギリスのピアソン社（Pearson: The World's Learning Company, UK）から英語版が販売されていたが、現在は販売されていない。類似したテストの日本語版として、監訳者が開発したHUCRoW（Hiroshima University Computer Rating of Working memory）が利用できる。一般社団法人ワーキングメモリ教育推進協会のウェブページ（https://www.ewmo.or.jp/）を参照。

オートメーティッド・ワーキングメモリ・アセスメント（AWMA）

オートメーティッド・ワーキングメモリ・アセスメント（Automated Working Memory Assessment: AWMA）は、心理検査をあまり実施したことがない人にも用いることができるよう作られています。そのため、正確なワーキングメモリの診断を必要とする子どもを見落としにくいのです。AWMAの詳細についてみていきましょう。

■**自動化**：AWMAによる査定は、コンピュータにより自動的に行なうことができます。作業が容易で、実施者側は多くの作業をする必要がありません。教師や心理士は、子どもの名前や誕生日といった詳細事項を記入し、開始のスタートボタンを押すだけです。AWMAには、スクリーニング版（5～10分程度）、短縮版（20分程度）、完全版（30分）があります。

子どもがテストを終了したら、AWMAは自動的に、標準得点やパーセンタイルを含む詳細なワーキングメモリのプロフィールを算出します。すべてが自動化されているため、実施する際の手続きや、ワーキングメモリのスコアを採点する際に、実施者による間違いが生じにくくなっています。

■**ワーキングメモリ**：学習に用いるワーキングメモリは、基本的に、**言語性ワーキングメモリ**（言葉／言語、数字）と**視空間性ワーキングメモリ**（空間、パターン、数直線）の2つで構成されています。子どもの視空間性、言語性ワーキングメモリのプロフィールを知ることは、教師にとって、子どもたちそれぞれの得意・不得意を知るのにたいへん役立ちます。たとえば、ある子どもの言語性ワーキングメモリが低いことを教師が把握していれば、言葉で指示をする際にはできるだけ短い指示にすることで、その子は他の子どもと同じように作業を続けることができます。また、視空間性ワーキングメモリに困難を抱える子であると把握できれば、その子の数の感覚を伸ばすことで、算数の問題を解くときのワーキングメモリの容量を大きくすることができます

さまざまな刺激：ＡＷＭＡでは、言語性ワーキングメモリ、視空間性ワーキングメモリの測定に、さまざまな刺激を用います。たとえば、言語性ワーキングメモリの査定には、文字と数字の両方が含まれています。また、視空間性ワーキングメモリの査定では、点の位置やブロックの３次元的な配列などを含みます。ＡＷＭＡによるテストは、正確で包括的にワーキングメモリを測定するために、複数の刺激を使用しています。これは学習に困難を抱える子どもにとってはたいへん有益です。たとえば、算数に困難がある子どもは数字に基づくテストで悪い結果を示すかもしれません。けれども、ＡＷＭＡに含まれる言語性ワーキングメモリのテストでは、文字を使用するため、数字への苦手さとは別のワーキングメモリの能力を明らかにすることができます。

純粋な測定：いくつかの標準化された検査は、刺激として文章を使用しています。しかし、一連の言葉、文字もしくは数字をランダムに記憶するのに対し、文の場合は、２倍近くの情報を記憶できることがこれまでの研究で立証されています。そのため、刺激として文を用いることで、ワーキングメ

モリの査定が不正確なものになる可能性があります。たとえば、"The fox crawled through the grass and under the log（キツネが草原を這って丸太に隠れた）"と文で示されたほうが、同じ単語をランダムに、under, the, through, fox, the, and, the, grass, log, crawledと示されるよりも、よく記憶することができます。文は、意味的にも文法的に手がかりがあるため、想起が簡単となります。文を使用するワーキングメモリの査定は、実際よりもワーキングメモリの能力が高く査定される可能性があり、ありのままのワーキングメモリの容量不足が特定されないままとなってしまいます。対照的に、AWMAにおける言語性ワーキングメモリの査定は、ランダムな文字、言葉、数字を使用しているため、想起を促進するような手がかりはありません。その結果は、純粋なワーキングメモリの容量を測定していると考えられ、子どものワーキングメモリの容量をよりよく正確に測定できます。

スパンの手続き：AWMAはスパン〔訳者注：記憶できる範囲、記憶・処理できる範囲〕を測定するという手続きを用います。この方法は、子どもと成人のどちらを対象とする場合にも適しています。覚えるべき項目の数は、課題に失敗するまで、順次、増加していきます。AWMAは子どもが限界に達した時点で査定の手続きを終え、正確に記憶して処理できる項目の数でワーキングメモリの容量を決定します。

トライ：オートメーティッド・ワーキングメモリ・アセスメント（AWMA）

・言語性ワーキングメモリ

「B」という文字を別の人に言ってもらう。さあ図2-1を見て。さっき聞いたのと同じ文字ですか？

じゃあ、あなたが聞いた文字を覚えていますか？

・視空間性ワーキングメモリ

図2-2をみて。Aさんは Bさんと同じ手にボールを持っていますか？

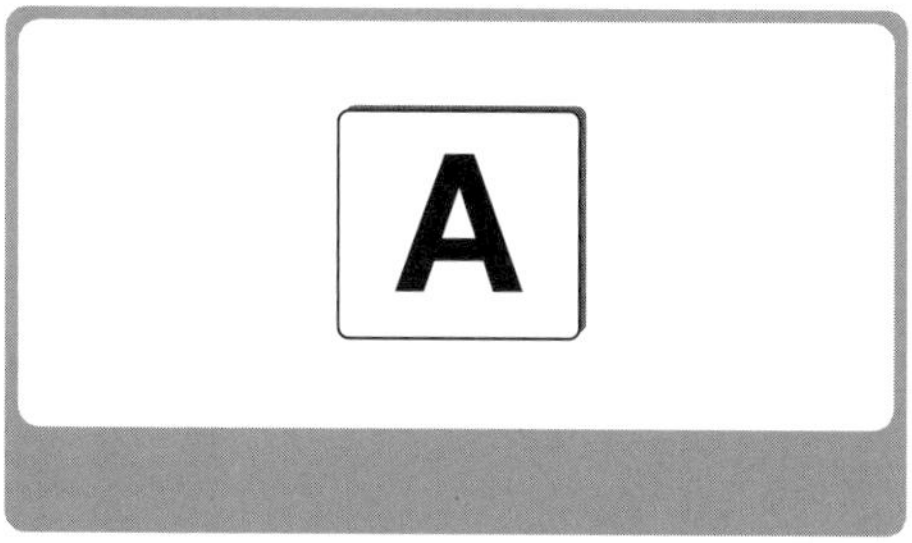

図 2-1　言語性ワーキングメモリ

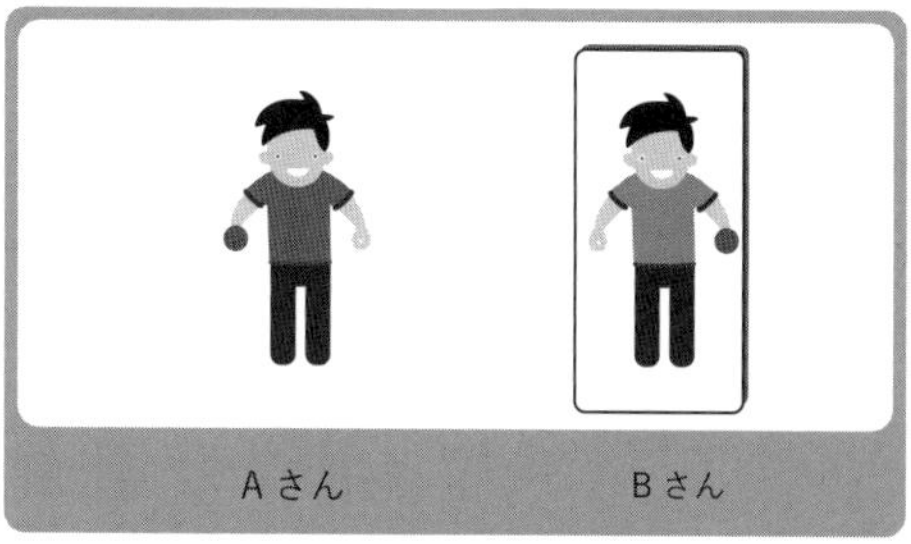

図 2-2　視空間性ワーキングメモリ

では、図2-3の中で、Aさんがボールを持っていた場所を触ってみてください。

このように、AWMAのテストは1つの項目から始まります。正答すれば、さらなる項目が追加されます。検査を受ける人は、2つまたはそれ以上の文字やボールの正確な位置を思い出す必要があります。

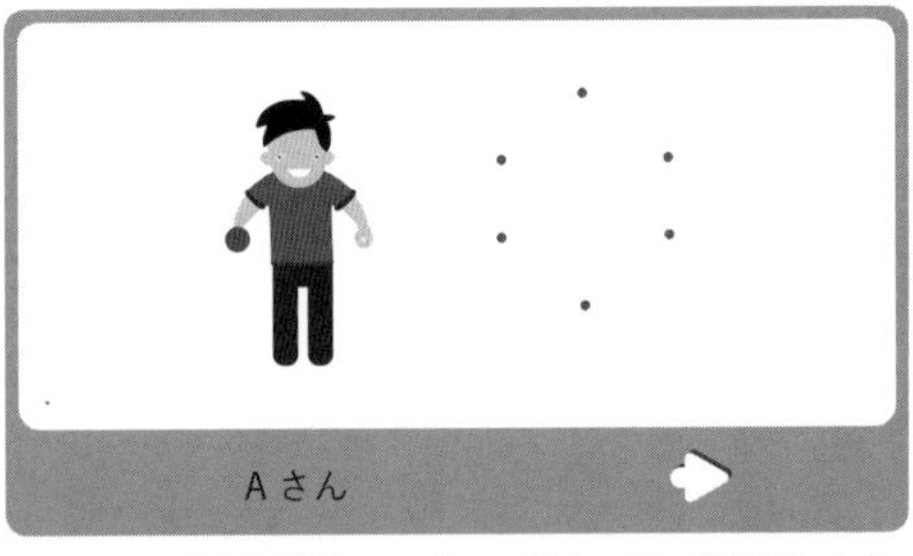

図2-3　視空間性ワーキングメモリ（継続した）

■アセスメント：標準化されたアセスメントの重要な特徴は、信頼性と妥当性があることです。これにより、テストの実施者は、この手続きは測定されるべきものを正確に測定していると信用することができます。

妥当性：「予測的妥当性」は、学期の成績（grade）のような一定の結果を予測する検出力をさします。ワーキングメモリは学習と関連することがこれまでの研究から立証されていますので、ＡＷＭＡの予測的妥当性は、ワーキングメモリのスコアの低い子どもは同時に低い成績を示すだろうということになります。実際、３０００名を超える子どもを対象にした大規模な調査研究によって、ワーキングメモリが小さい子どもの大多数は、言語、算数、そして語彙の標準化テストにおいても低い得点を示すことが実証されています（Alloway et al., 2009a）。

ＡＷＭＡの得点はまた、学業期にわたって、授業時に特別な支援が必要な子どもを特定することができます。ワーキングメモリは国語から算数（数学）、歴史、美術などさまざまな教科にわたり、幼稚園から大学までの成績を予測することが科学的に実証されています（Cowan & Alloway, 2008）。ＡＷＭＡが学習の成果を予測するといった事実は、定型発達の子どもだけではなく、学習障害やギフテッドの子どもたちの間でも見いだされてきました。

信頼性：ＡＷＭＡは「信頼できる」ワーキングメモリを測定する方法です。信頼性とは、同じテストをくり返し行なったときに、同じような一定の結果を示すことをさします。もし、ある人が、テストを受け、前に受けたときとまったく異なった得点をとったとすると、そのテストは信頼性がないということになります。くり返しそのテストを行なっても、似たような得点をとるということは、そのテストは信頼性があるということです。ＡＷＭＡの信頼性を確かめるために、何百人もの子どもたちが、検査を受けたあと、６週から1年の間にもう一度検査を受けています。これらの子どもたちの2回目のＡＷＭＡの結果は、１回目と非常に類似しており、ＡＷＭＡは一貫性のあるワーキングメモリの得点を得られることが示されています（Alloway et al., 2008）。

文化的公平性：重要な点として、知識を基盤とするテストの結果は、就学前の教育年数や社会経済的な地位といった環境要因の影響を受けますが、ＡＷＭＡにおけるワーキングメモリのテストはこれらの影響を受けません。ワーキングメモリが測定するのは、すでに学習したことというよりむしろ、学習する**能力**なのです。ＡＷＭＡによるテストは知識には左右されることがないため、子どもの学習に対する潜在的な能力を純粋に評価することができます。

政府の助成を受け、数百名の幼児（5～6歳）について、ワーキングメモリを含むさまざまな認知能力を調べる研究を行ないました。私たちは、子どもが、学校が始まる前に、どのくらいの期間、幼稚園（就学前教育）で過ごしていたのかにも関心をもっていました。子どもは幼稚園で、ブロック、色、数字、文字、名前の書き方などの基本的な学習を身につけます。幼稚園により長くいた子どもは、こうした学習の機会があったため、ワーキングメモリの成績がよかったのでしょうか。驚いたことに、幼稚園に通っていたかどうかということでは、ワーキングメモリの得点に差はありませんでした（Alloway et al., 2004, 2005）。

では、別の重要な要因についてみていきましょう。つまり、社会経済的な地位です。一般的に、社会経済的な地位は、母親の教育水準から測定されます。第1章のアンドリューを思い出してみてください——彼のワーキングメモリは、彼の母親が学位を取得していた場合と、公的な資格を取得せず教育を終えた場合では異なっていたでしょうか。母親の教育はＩＱの得点と関連がみられており、両親が大学を卒業している子どもたちは、公的な資格もなく早期に教育を終えた両親をもつ子どもたちよりも、知能検査の結果がよいとされています。その理由として、よりよい教育を受けた親は、自分の子どもにより多くのことを教育する可能性が考えられます。子どもはより多くの教育を受けるほど、より学習することができ、知識に依拠した一般的な知能検査において、よい成績を示すようになるでしょう。

先の調査（Alloway et al., 2004）ではワーキングメモリへの影響を調べるために、親の最終学歴も尋ねていました。また驚くべきことに、ＩＱとは異なり、ワーキングメモリの得点と母親の教育歴とは関連がみられませんでした。これは、成育歴や環境の影響にかかわらず、子どもたちは学習において等しく可能性をもっていることを示しています。

では、経済的な背景がワーキングメモリに影響するのか否か、より直接みてみましょう。ブラジルの貧困地域の授業風景を思い浮かべてください。これらの子どもたちには、非常に多くの仕事があり、少なくとも子どもたちの15％が、小学校で教育を終えます。ほとんどの子どもが読むことを学ばずに卒業していくのです。学校は教師に十分な給与を与えることができず、また、そこにいる教師たちがいつも、訓練を受け、スキルをもっているとは限りません。しかし、こうした子どもたちは、高収入の家庭の同級生と同じ能力と可能性をもっているのでしょうか。ある研究グループはこの仮説について調査しました（Engel et al., 2008）。彼らはブラジルで、低所得と高所得の子どもにAWMAのポルトガル版と言語能力テストを実施しました。社会経済的地位の高い子どもたちは、正しい言葉の定義を答える言語能力テストにおいては、優れた結果を示しました。彼らはテストで問われるような言葉を用いる経験が豊富だったため、知識の面において、経済的地位の低い子どもより優れていました。しかし、AWMAでは、社会経済的地位の低い同級生と同じ結果にすぎませんでした。

オランダの研究者グループ（Messer et al., 2010）による、（父親の教育歴を指標とした）低所得層の地域に暮らす移民と、比較的裕福な母語話者を比較した調査においても、同様の傾向がみられました。低収入の移民の子どもたちは、彼らの母語（第一言語）でテストを行なった際に、AWMAにおいては母語話者の子どもたちと同じ水準の結果が示されました。私たちの調査でもまた、裕福なイギリスの子どもと貧困などの理由により恵まれない子どもたちを比較したところ、社会経時的な背景はワーキングメモリの得点に影響しないことが示されました（Alloway et al., 2014）。異なった国々にわたり実施されたこれらの研究から、ワーキングメモリのテストは、文化的に公平で、子どもの学習に対する潜在的な能力をとらえることができることを示しています。

ワーキングメモリ評定尺度（WMRS）

教師は子どもたちのワーキングメモリの問題にしばしば気がつきます。その際、すばやく正確に子どものワーキングメモリのプロフィールを把握する方法をもっておくことは有用です。ワーキングメモリ評定尺度（Working Memory Rating Scale: WMRS）は、教育者のために開発されたチェックリストなので、子どもの授業でのようすから、ワーキングメモリに問題がある子どもを容易に特定することができます。WMRSは、ワーキングメモリに問題を抱える子どもの行動上の特徴を示した20の項目から構成されています。たとえば、「完成する前にやめてしまう」「教師が説明したにもかかわらず、すでにやり始めている活動を、どのように続けるかを忘れる」などの項目が含まれています。教師は、それぞれの子どもについて、各行動がどの程度よくみられるかを4段階で評定していきます（0．まったくみられない　1．たまにみられる　2．ややみられる　3．よくみられる）。

WMRSの項目を開発するためにまず行なったことは、IQは標準であるものの、ワーキングメモリが小さい子どもを対象とした観察研究でした。ワーキングメモリが標準的である他のクラスメイトと比べて、ワーキングメモリの小さい子どもは、教師の指示を忘れ、処理と保持の両者が含まれる課題をこなしていくのがむずかしく、複雑な課題を行なっているとき、どこをしているのかを見失ってしまうことがしばしば起こりました。そして、こうした失敗の結果、よくみられたことは、最後までやり遂げることなく活動を放棄してしまうということでした。

これらの教室での観察研究が、政府の助成を受けた次なる研究へとつながっていきました。その研究の中で、私とそのチームは、教室に座り、対象となる子どもたちのさまざまな行動をメモにとり、担任の教師の洞察から学び、そして、すべての得られた情報と、子どもの認知的なプロフィールを重ね合わせました。WMRSは、学校、教師、子どもたちのサポートと協力の賜物です。そこで得た豊富な情報から、私はワーキングメモリの問題と一貫して関連する行動のタイプを見いだし、さらに項目を絞っていきました。

■スクリーニング：WMRSは、ワーキングメモリに関連した問題だけに焦点をあてた単一の尺度であるため、心理測定的なアセスメントについての事前のトレーニングを必要としません。これは、ワーキングメモリが小さい可能性のある子どもを見つけだすために、診断的なスクリーニングの道具として使えるだけではなく、ワーキングメモリの問題が生じやすい授業場面や、ワーキングメモリの問題を抱える子どもが直面する典型的な困難の特徴を示している点においても有用です。

■年齢に基づいた基準：得点は、年齢グループごとに標準化されています。つまり、それは、各年齢グループで典型的な授業場面の行動を示しています。たとえば、「筆記の課題において、ステップごとに指示を受ける必要がある」という項目があります。教師は、ある子どもについて、このことがどの程度みられるのかを評定し、評定した得点をマニュアルの得点と比較します。おそらく5歳児は10歳児よりもそうした指示が必要だと思われますが、そのことはＷＭＲＳの得点化に反映されています。

簡易な得点化：得点は色分けされていますので、その解釈は、わかりやすくなっています。たとえば、緑色の範囲の得点は、その子がワーキングメモリの問題を抱えている可能性が低いことを示していま す。子どもの得点が黄色の範囲にあると、ワーキングメモリの問題を抱えている可能性があり、さらにアセスメントを行なうことが推奨されます。赤色の範囲の得点は、ワーキングメモリに問題があることを示すもので、そこには取り組むべき支援が推奨されています。

妥当性：ＷＭＲＳは、その他の行動上の問題よりも、ワーキングメモリの問題を特定するのに特化して有効であることを実証するために、コーナーズ教師用評定尺度（Conners' Teacher Rating Scale）や実行機能行動評定尺度（the Behavior Rating Inventory of Executive Function）といった他の行動評定と比較して、その妥当性が示されています。結果として、ＷＭＲＳは注意欠如・多動症（ＡＤＨＤ）の行動特性とは異なる行動を測定していることが示されており、したがって、ワーキングメモリの乏しい子どもを確実に特定するといえます（Alloway et al., 2010a）。

ＷＭＲＳは、また、ＡＷＭＡを含むワーキングメモリテスト、ＩＱ、学習到達度とも比較されています。ＷＭＲＳを使用して特定された子どもたちの多くは、ワーキングメモリが低く、学業成績（grade）が低い傾向がよりみられます（Alloway et al., 2010b）。ＷＭＲＳは、適切な支援を行なうために、ワーキングメモリの障害を探し出すことに適したツールとなります。

その他の標準化されたテストを用いたアセスメント

標準化された多くのテストバッテリーには、ワーキングメモリのアセスメントが含まれるようになっています。このことは、学習においてワーキングメモリが重要だと認識されつつあることを裏づけています。ここでは、広く使用されているいくつかのアセスメント用テストの中から、ワーキングメモリ課題を取り上げ、概説していきます。おそらくみなさんは、教師としてこれらのテストを今までに見たことがあることでしょう。

児童用ウェクスラー式知能検査（ＷＩＳＣ）

児童用ウェクスラー式知能検査（Wechsler Intelligence Scale for Children: WISC）は、６歳から16歳までの子どもを対象とした認知能力を測定するために標準化されたものであり、改訂版［訳者注］ではワーキングメモリ指標（Working Memory Index）も取り入れられるようになりました。ワーキングメモリ指標は、その大部分が言語による情報をよりどころとしているところに、大きな限界があります。そのため、言語スキルの低い子どもは、ワーキングメモリの問題ではなく、単に、用いる刺激の形式により、結果が悪く出てしまうかもしれません。さらに、視空間性ワーキングメモリに困難さがある子どもは、ＷＩＳＣのワーキングメモリ指標では、検出がされないかもしれません。以下にＷＩＳＣに含まれている課題のまとめを示します。

■数唱範囲課題：数字の系列を聞き、それを順向ならびに逆向の順で再生します。順向の数唱範囲課題と逆向の数唱範囲課題の得点を合計すると、音韻的短期記憶と言語性ワーキングメモリを合成したものとなり、ワーキングメモリとして算出される得点は、本来のものよりも押し上げられることがあります。それは、順向の数唱範囲課題はよくでき、逆向の数唱範囲課題はむずかしいことがあるからです。

■文字－数字配列課題：文字と数字が混合された系列（たとえば、T－3－H－7－C－5）を聞き、まずは、数字を小さい順に、次に文字をアルファベット順に再生します。この課題は、子どもがもっている数のスキルやアルファベットの知識に多く依存しています。そのため、ワーキングメモリの問題ではなく、アルファベットや数字の順番を習得していないことが原因で、この課題がうまくできないこともあります。

■計算課題：暗算の課題からなる補足的なテストをワーキングメモリ指標に組み込むこともあります。確かに、ワーキングメモリの小さい子どもは、このテストで成功するのに必要な算数的知識の習得に遅れることが予想されますが、このテストが、本当にワーキングメモリを直接反映したものであるか

［訳者注］第4版のこと。第5版では、ワーキングメモリ指標に、視空間性ワーキングメモリの課題も加えられた。第5版の日本語版は、2022年2月に出版されている。

どうかははっきりしません。

ウッドコックジョンソンソン式認知能力検査（WJ Cog）

ウッドコックジョンソンソン式認知能力検査（Woodcock Johnson Cognitive Ability Test: WJ Cog）は、認知的能力のアセスメントを行なうために、特に北米でよく用いられています。そこでは3つの課題がワーキングメモリを測定するものとして分類されています。

■逆唱：2から7までの数字の系列を聞き、逆向の順に再生します。先の数唱範囲課題の説明で述べたように、これはワーキングメモリを評価するのにきわめて妥当な方法です。この課題の利点は、順向の再生を求める課題を含んでいないため、言語性ワーキンクグメモリのみを測定していることです。

■聴覚性ワーキングメモリ：これは、WISCの文字-数字配列課題と類似した課題です。単語と数字の系列が聴覚的に提示されます。提示終了後、まず、提示された順番通りに、単語から順に再生し、次に数字を再生します。たとえば、"boy-1-4-soap-6"と提示された場合、"boy-soap-1-4-6"と再生できたら正解です。この課題は、ワーキングメモリと、注意を分割する能力を同時に測っているとされていますが、WISCに向けられた批判が同様に当てはまります。

■単語反復：単語のリストを聞き、同じ順番で再生します。この課題は、ワーキングメモリではなく、短期記憶を測定しています。そのため、単語の情報を単に再生するこの課題に成功しても、同じ情報を操作しなければならない場合、負荷が大きく、失敗してしまいます。また、ある子どもは、その情報を処理することはできなくても、思い出すことができれば、この下位検査はよくできるかもしれません。

標準得点の理解の仕方

本章で述べたテストは、得点分布が同じパターンになるように標準化されています。標準得点は、同じ年齢の他の子どもたちと比較し、ある子どもの成績を表す方法です。たとえば、あなたが5歳4か月の子どもを対象にテストを実施したとします。その成績は5歳から5歳11か月までの他の子どもと比べることができます。ほとんどの子どもの標準得点は、平均の範囲におさまります。標準得点が130以上となると非常に高いといえます。70以下は非常に低く、このレベルにあたる子どもの数はかなり限られています。

・標準得点が85より低い：平均より下
・標準得点が85～115：平均
・標準得点が115より高い：平均より上

その得点をどのように授業での支援に生かしていくことができるでしょうか。子どもの標準得点が、平均よりも低い場合（85未満）、ワーキングメモリに問題があり、後に学習上の困難を引き起こすことを示しています。そのため、そのような子どもは、特別支援教育のサービスを受けたり、カリキュラムの修正・変更などの調整を行なったりする必要があるかもしれません。クラスをあげてＡＷＭＡを用いたスクリーニングを実施している学校は、子どものワーキングメモリの強い面や弱い面に従って、カリキュラムを適宜、調整することができます。

チームによる支援

あなたは、ワーキングメモリの小さい子どもを見いだしました。次にすべきことは何でしょうか。その第一歩は、学校全体の意識を高めることです。教師が子どものニーズをとらえ、それに向けた支援をすると、必ず、すばらしい成果をもたらします。しかし、そうしたニーズに気づかない教師が次にその子どもを受けもつことになった場合、子どもはどれほどのストレスを抱えることになるでしょう。まずは、教師と子どもがそれぞれの学習のニーズに気づいていける環境を広めていきましょう。そして、どういった支援が子どもに適しているのかを、次の教師へと伝えていきましょう。

教師は、学校心理士や医療従事者と協働することで、アセスメントや支援に関し、正確で、包括的なアプローチを提供することができます。本書で紹介しているすべての学習障害に関して、それが読字障害(ディスレクシア)、発達性協調運動症(DCD)、注意欠如・多動症(ADHD)、もしくは自閉スペクトラム症(ASD)、不安症群のいずれであっても、教師だけでは、その問題のアセスメントを行なうことはできません。しかしながら、授業中の子どもの行動から、その子どもの困難がいかに学習に影響を及ぼしているのかを評価できる立場にあるのは、教師だけです。評価を行なう際の教師の役割は、子どもの日々の活動を導くための目となり耳となることと見なされてきました。教師は日常の生活の中で子どもたちを見つめ、同じ年齢の子どもたちと比べながら、評価を行なえます。このような洞察は、当たり前のこととして軽視すべきではなく、結局のところ、支援がうまくいくかどうかを決定づけます。

要約

1. オートメーティッド・ワーキングメモリ・アセスメント(AWMA)は、子どもたち独自の言語性・視空間性ワーキングメモリのプロフィールを詳細にみることができる標準化された客観性のあるテストです。

2. ワーキングメモリ評定尺度（WMRS）は、授業での行動を評価することで、子どもがワーキングメモリの問題をもつ可能性を明らかにすることができます。

3. 一連の標準化されたIQテストには、ワーキングメモリの下位検査が含まれています。

第3章

読字障害（ディスレクシア）——限局性学習症1

本章のポイント

- WHAT 読字障害（ディスレクシア）とは？
- WHERE 影響する脳の部位はどこか？
- WHY なぜワーキングメモリがディスレクシアと関連するのか？
- HOW ディスレクシアの子どものワーキングメモリをどのように支援できるか？

ジェーンはみんなからとても好かれていて、質問されたときはいつも機知に富んだ答えをくれました。しかし、彼女は考えを紙に書くよう求められると、悪戦苦闘しました。「捕鯨」をテーマにしたあるグループプロジェクトの中で、彼女は議論をリードし、頭数の減少を表す統計値とクジラ保護を土台にした倫理的議論によって、捕鯨を不法とすべきであるとクラスに確信させ、彼女の知性と感性が示されました。彼女のプレゼンテーションはすばらしかったにもかかわらず、プロジェクトの記述部分はあたかも違う子どもが書いたかのように見えました。紙に書かれた議論は順序が外れてまとまりがありませんでした。文章は短く、スペルミスが沢山ありました。考えは非常に単純で、ジェーンが授業で行なった議論でみせた才能と複雑さは何もありませんでした。彼女の先生は彼女の口頭での議論と書字での議論の差に困っていました。ジェーンにとっていつもの評価ではあったのですが、教師は順調に進んだプロジェクトを「A」ではなく、代わりに「C」と評価しなくてはいけませんでした。

彼女と話しているだけではわかりませんが、ジェーンは、一般に「ディスレクシア」といわれる「読字障害」がありました。この章では、「読字障害（reading difficulties)」と「ディスレクシア（dyslexia)」を同じ意味で使います。子どもたちの会話だけでは、彼らが有する読字障害に気づかないかもしれません。しかし、もしある子どもの書いたものが2学年下の子どもが書いたもののように評価されるならば、その子どもは読字障害をもっている可能性があります。

WHAT it is 読字障害（ディスレクシア）とは？

国際ディスレクシア協会によると、読字障害（ディスレクシア）は、正確で、スムーズな単語の認識、読み取り、書き取りに予期せぬ困難がみられることを特徴とする特異な学習障害です。幼いディスレクシアの子どもは言語の意味よりも音声化に問題があります。そのため、ディスレクシアの子どもはしばしば利口で話す能力があるといわれるにもかかわらず、彼らの書いたものは少しもそのように見えません。

ディスレクシアの子どもは、読むための重要な要素である音韻認識の能力が欠けています。「音韻認識」とは、文字と音をつなぐ能力をさします。たとえば、'c' 'a' 't' という文字は、それぞれ、/k/、/æ/、/t/と音声化されるといったように、文字と音を対応させ、かつ、'c' と 'a' と 't' が連結されることで 'cat' という単語となるように、文字が連結されたものが単語となります。音韻認識は、ページ上の文字を読み解くための暗号解読用の道具のようなものです。音韻認識なしには、読むことは難解なヒエログリフを理解しようとすることと同じです。幼稚園児から4年生までの5年間（5～10歳）にわたり数百人の子どもを対象とした縦断研究は、音韻認識能力が子どもの読み能力を予測することを明らかにしています（Wagner & Muse, 2006; Wagner et al., 1994）。

通常文章を書くときには、音素を自動的に判断する作業テーブルを内的にもっています。音声学的にみて規則的な長い単語を書くことや、綴りを言うことのできるディスレクシアの子どももいます。しかし、彼らの困難さは、音声学的に不規則な単語の場合において、また、書く場合において、顕著になります。'writing'を'riting'と書くような綴りの間違いがディスレクシアの子どもにとってよくみられます。そして、彼らは綴りを音声と一致させる傾向があります（'laugh'の代わりに'laf'のようにしてしまう）。

トライ：音韻認識

ディスレクシアの人はしばしば単語の音声構造を理解することが困難です。特に、分割（segmentation）や連結（blending）として知られているスキル、つまり単語をこまかいまとまりに分割したり（たとえばc-at）、それらをつなぎ合わせたりする能力に問題があります。このスキルは「語音転換」という、それぞれの単語の最初の音を入れ替える方法を用いることで、測定することができます。

例：*fat dog* = *dat fog*

まだまだあります。できるだけ早くやってみましょう（答えは左にあります）。

・cat flap
・bad salad
・soap in your hole
・mean as custard
・plaster man
・chewing the doors

（答え：flat cap, sad balled, hope in your soul, keen as mustard, master plan, doing the chores）

あなたの子どもにこれらの音韻認識課題のいくつかに取り組んでもらいましょう。これらは心理学者がディスレクシアを識別するために用いるいくつかの標準化された課題に類似させたものです。

・押韻遊び：*cat*と*bat*の最後は同じ音？
・音素省略（最初か最後の音を省いて単語を発音する）　例：*cup*と言ってください。では*cup*から/k/を無くして言うとどうなるか教えてください。

・音声分類：*fun bun pin ton* のような単語群の中から変なものを1つ選んでください。
・音素分割：聞いた単語の音を聞こえた順番に教えてください。
・単語への音素の連結

DSMと診断

診断基準が「DSM-5」に移行し、ディスレクシアは現在、限局性学習症といったカテゴリーに入っています。この診断の焦点は学習全般の達成度です。そこには、読み・書き・算数などの学習の困難さが含まれます。

ディスレクシアを同定するのに乖離（IQの平均得点と読み得点の低さの間の差）の基準を用いる厳密な要件はもはやありません。何人かの心理学者は、音韻認識や言語性ワーキングメモリ、聴覚情報処理、ラピッドネーミング能力（視覚でとらえたものをすばやく音声化する能力）のような読字障害等と関連する認知的スキルを評価する標準化されたテストバッテリーを好みます。このようなテストバッテリーは、読む能力の欠損がどこにあるかを明らかにできる点で便利です。多くのディスレクシアの子どもの読みの成績は、しばしば彼らの同級生より2～3段階低いです。

WHERE it is

ワーキングメモリと脳の中の読み

ひと目見ただけでは、ディスレクシアの脳におけるワーキングメモリの役割はあまりはっきりとはわかりません。多くの学習障害者の脳スキャンは、ワーキングメモリを司る脳の部位である前頭前皮質（prefrontal cortex：PFC）が定型発達の人と比較して活動性が低く示されています。ＰＦＣの血流量の少なさは、ワーキングメモリがよく働いていないことを意味します。

しかし、ディスレクシアは通常とは異なります。ディスレクシアの子どもの脳スキャンは実際のところ反対の傾向を示します。彼らのＰＦＣは、ディスレクシアでない子どもと比べてより活発なのです（Shaywitz et al., 2002, 2003）。ディスレクシアの子どもが、読み、もしくは読みに関連した課題を遂行するとき、彼らのワーキングメモリは、ディスレクシアではない子どもが同じ課題をしたときに比べてより活性化します。このことは、非常に基礎的な読みのスキルにおいても当てはまります。ある研究で、ディスレクシアの子どもとそうでない子どもに対して、'ｔ'と'ｖ'のように文字で韻を踏むよう求めました。結果、ディスレクシアの子どもはそうでない子どもに比べてＰＦＣがより活動していたことがわかりました。

このことはディスレクシアの子どものワーキングメモリが脆弱であるどころかむしろ強みがあることを意味しているのでしょうか？　答えはＹｅｓであり、Ｎｏでもあります。ディスレクシアの子どもはそうでない子どもと比べて脳の言語野に通う血液が少ないのです。この部位は、発声しながら文字どうしをつなぐ能力を担っています。この部位がよく働かないため、ディスレクシアの子どもは読んでいる単語を認識するのに苦労するのです。

彼らのワーキングメモリは、うまく機能しない脳の言語野で生じた溝を埋めるために働きます。しかし、この作業はワーキングメモリにとってたいへんなことです。たとえば、二人三脚でパートナーがジャンプしたり走ったりしないのであれば、ゴールするために、あなたが余分な力を使わなければならないといったようなものです。

ディスレクシアではない子どもにとって、読むことに関連する能力はより自動化されており、読むのにさほど努力を必要としません。しかし、ディスレクシアの子どもにとっては、同じ課題をこなすにはより大きな努力が必要です。彼らが理解しやすい単語や概念のみから構成される単純な文を読んでいるときは、さほど問題はありません。しかし彼らが読み慣れているもの以上に、複雑でむずかしい文章になると、とたんに、彼らはもがき始めます。ワーキングメモリはなじみのない単語を読む際、非常に忙しく働き始めるので、読み手は文章を理解しにくくなります。この点を理解するために、なじみのない単語を使った文章を読んでみることにしましょう。では、中世のイギリスで書かれたチョーサーの「カンタベリー物語」から抜き出した次の行を読んでください。

Whan that Aprill with his shoures soote
The droughte of March hath perced to the roote,
And bathed every veyne in swich licour
Of which vertu engendred is the flour,
Whan Zephirus eek with his sweete breeth
Inspired hath in every holt and heeth
The tendre croppes, and the yonge sonne …

初見でこれらの文章を読む際、自動的に意味を理解するどころではありません（もし、子どもたちにチョーサーを教えていなければ、ですが）。脳の言語野とワーキングメモリは単語の意味を理解するために協働する必要があります。たとえば、ワーキングメモリと言語野によって、“whan”を“when”、“yonge”を“young”、“soote”を“sweet”だとあなたは気づくかもしれません。しかし、単語の意味を理解することにワーキングメモリを集中させているので、文の意味を理解するのはとてもむずかしくなります。では現代英語に訳した同じ文章を見てみましょう。

When April with his showers sweet with fruit

The drought of March has pierced unto the root
And bathed each vein with liquor that has power
To generate therein and sire the flower;
When Zephyr also has, with his sweet breath,
Quickened again, in every holt and health,
The tender shoots and buds, and the young sun …

私たちは現代版の単語についてはよく知っているので（‘when’ が実際に ‘when’ と綴られている）、脳の言語野は自動的に単語を認知し、ワーキングメモリが詩の構文と意味を理解するために自由に活動できます。各行が、4月の雨は植物を咲かせること、つまり、チョーサーは春のことについて述べているといった理解をワーキングメモリが助けるため、この文章を読むのはとても簡単です。ディスレクシアの子どもは、チョーサーの文章のように、いつもよく知らないものを読んでいるようなものです。つまり、彼らは単語の意味を理解するのに非常に努力を必要とするので、文章の意味を理解するにいたらないのです。

サイエンス・フラッシュ

それは眼球運動の問題？

ディスレクシア者の眼球運動のパターン（アイトラッキング）がこれまで重視されてきました。定型発達の読み手は、ページ上でスムーズに眼球を動かしていきますが、ディスレクシア者の眼の動きは、しばしばページの上下へ不規則に移動します。しかし、この種のアイトラッキングが、読みにおける問題を引き起こしているのでしょうか？ それとも、読みのむずかしさの結果として、起こっているのでしょうか？ その答えを出すために、ある研究が行なわれました。

そこでは、定型発達の子どもが過度にむずかしい文章を読んでいるときのアイトラッキングと、それに比較してディスレクシアの子どもが読みやすい文章を読んでいるときのアイトラッキングが記録されました。すると、定型発達の子どもの眼は、ページの上下にランダムに動き始め、ディスレクシアの子どもの眼は、定型発達の子どもと同様の動きを示しました。この研究や、同様の多くの研究は、ディスレクシアの子どもにみられる眼球のランダムな動きは、読みの問題を引き起こす原因ではなく、症状であることの確固たる証拠を示しています (Hutzler et al., 2006)。

WHY

なぜワーキングメモリがディスレクシアと関連するのか？

ディスレクシア者は、言語性ワーキングメモリの働きが減少しているのは明らかです（図3-1）。こうした欠損は子どものときから存在しますが、大人ではさらに弱まっているかもしれません。

幼児期のワーキングメモリとディスレクシア

幼い子どもにおいて、言語性ワーキングメモリが小さいと、非常に一般的な単語であっても学習し、それを自動化するのがむずかしいため、それらを習得するのにより長い時間がかかります。その結果として、よくみられる行動パターンの一つに鏡文字があります。これは、〝was〟を

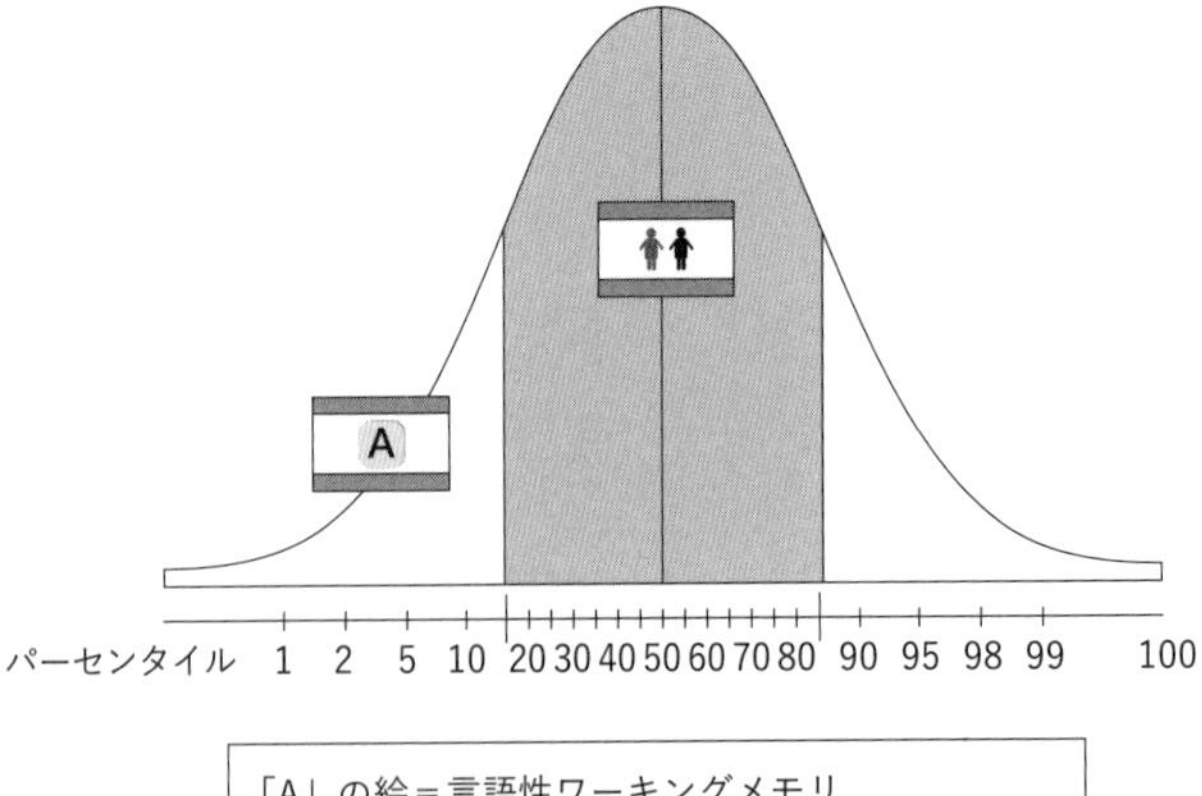

「A」の絵＝言語性ワーキングメモリ
「人」の絵＝視空間性ワーキングメモリ
アミカケされた範囲に含まれる得点が平均の範囲

図 3-1　ディスレクシアのワーキングメモリプロフィール

‘saw’と読んだり、‘b’と‘d’を混乱したりするものです。しかし、このような間違いはディスレクシア特有のものではないことを知ることは重要です。つまり、読み始めの定型発達の子どもも同様の間違いを起こすのです。英語を左から右に読むことは、決まりとして学習する必要があり、幼い読み手には混乱を引き起こします。‘b’と‘d’のような文字のペアは、視覚的・聴覚的に（両者とも「閉鎖子音」）、幼い読み手には紛らわしいものです。実際、ディスレクシアの子どもと定型発達の子どもの読みのレベルを一致させると（この場合、定型発達の子どもの年齢はディスレクシアの子どもよりも年少になる）、両方のグループは同程度の鏡文字を書いていました。このように、ディスレクシアの子どもの読みのパターンは、読み始めたばかりの子どもと非常に似ています。

児童期のワーキングメモリとディスレクシア

Case Study

ケース・スタディ：デビッド

私の息子のデビッドは10歳でとても賢いのですが、彼のおもな問題は書くことにあります。彼は、特に最初の単語を見つけるのが苦手だと言います。ちょっとした文章を書き出すのに永遠に時間がかかりそうで、頭の中には映画のようにずっと複雑な話が思い浮かんでいるのに、それを言葉にし、文章として書くことができないため、いつも彼は気落ちしています。どこから書き始めればよいか、何を書いたらよいかがわかっているとき、また、少ない手順のときは、彼は速く書くことができます。たとえば、サンドイッチの作り方などは、他の場合よりも速く書き写せます（クラスの子どもよりはゆっくりですが）。彼はグループの中でおとなしく、一度にいくつかの言語的な指示を覚えることができず、すべきことを忘れたり、うながされるまで課題を始めることができなかったり、いつもぼんやりしていると思われたり、自分で課題を計画的に進めたりすることができません。私や教師は、彼がすべきことをいつも思い出させてあげなければいけないので、イライラしてしまいます。

デビッドのようなディスレクシアの子どもは言語性（聴覚的）ワーキングメモリが非常に脆弱で、説明や新しい語彙、名前でさえも、声に出して伝えられた情報の羅列を覚えるのが困難です。彼らは言語性ワーキングメモリが乏しいので、新しくてなじみのない言語的情報をくり返すことは苦痛で仕方ありません。みんなの前で情報をくり返すことは、彼らにとって恥ずかしいことです。

単語を聞き分け、文章の意味を理解するために、発話された音声や意味を心にとどめ続けるのには、ワーキングメモリのかなりの容量を必要とします。そしてそれは、ディスレクシアの子どもがもっているワーキングメモリの能力を上回っているかもしれません。したがって、言語的情報の処理と記憶を組み合わせるといった作業は、ただ単に情報を記憶するよりも、ディスレクシア者にとって非常にむずかしいのです。デビッドにとっては、この問題は、作文を書く際に生じます。つまり作文を書く際、処理する必要のある情報が多ければ多いほど、活動を終えるのにより長い時間がかかります。

書くといった作業において、子どもは単語の音素を連結させ、単語を組み合わせて意味のある文章を作り、最終的に伝えたいことを書き出すまで覚えておくために、言語性ワーキングメモリと音韻認識能力の両方が必要となります。デビッドは、ある話の視覚的イメージを紙の上に変換することに困難がありました。なぜなら、先の一連の作業を行ない、紙の上に変換するのに十分なワーキングメモリをもち合わせていなかったからです。

なぜこのようにディスレクシアの子どもは言語性ワーキングメモリが乏しいのかということにはいくつかの理由があります。その理由の一つは、彼らが情報をすばやくリハーサルする（頭の中でくり返す）ことがむずかしいので、記憶できないということです。たとえば、私たちは、ペンや紙を取りに行くまでの間、情報を頭の中でリハーサルしながら、忘れることを防ぎます。個人のリハーサルの速度は、ワーキングメモリ内でどのくらいの情報を記憶できるかということと密接にかかわっています。しかし、ディスレクシアの子どもは短い文章でもリハーサルするのに時間がかかるため、その結果、リハーサルの時間が足りなくなってしまいます。たとえば、あなたがクラスの子どもたちに5つのことを机に戻る途中ですするように指示すると、ディスレクシアの子どもにとっては、5つのうち2つしかリハーサルする時間がないといったぐあいです。そのため、残りの課題を終えることができないのです。

どのように情報をリハーサルするかというのも重要です。子どもは、順番通りにリストの最初から最後までの情報をすべてくり返さなければなりません。しかし、ディスレクシアの子どもはこうした方法で情報をくり返すことができません。再度、先ほどの5つの指示を例に考えてみましょう。ディスレクシアの子どもは「最後のリスト」からリハーサルし始め、結果的に最後に聞いたもの以外は忘れてしまうかもしれません。

ディスレクシアの子どもは視空間性ワーキングメモリに**強み**があります。新奇な対象を覚える視覚的な記憶を比較した研究によると、ディスレクシアの子どもは通常の読み手と同程度の成績を示しました。しかし、ディスレクシアの子どもに、その対象に名前をつけるよう指示すると、言語性ワーキングメモリに頼らなければいけなくなるので成績は落ちました。彼らの優れた視覚的ワーキングメモリは、単語を個々の音から構成されるものとして学ぶというよりも、一つのまとまりとして学習していることを意味します。この方略は、心の中にいわば早見表を作り上げることなので、最初はとても役立ちます。しかし、文字を読み解くのに文字と音声を一致させるスキルが乏しいため、彼らにとって新規な単語はとてもむずかしくなります。たとえば、'hawk' という単語が心の中の早見表にすでにあれば速く読むことができるでしょうが、'tomahawk' という単語になじみがなければ読むのがむずかしくなることでしょう。

成人のワーキングメモリとディスレクシア

何人かの研究者は、子ども時代から大人になるにかけて、読みの困難を引き起こしている原因に変化が生じることを示しています。ディスレクシアの子どもは単語の音を処理することがむずかしい一方で、ディスレクシアの大人は、音声とその単語の意味を統合する処理に問題があります。

大人のディスレクシアのプロフィールは非常に不均質です。ワーキングメモリの欠損がみられるケースがある一方で、ワーキングメモリが平均範囲内にあるケースもあります。50以上の研究を検証した論文において、スワンソン（Swanson, 2012）は、言語性ワーキングメモリは読みに関連するその他の処理を支え、他の欠損を補償するメカニズムとして働くことを示唆しています。これまで議論してきたように、ワーキングメモリは、紙に書かれた単語とそれにあった音を対応させながら、その単語を読みの理解に活かしていくといったように、頭の中で、複数の情報を保持するといった作業を含みます。もし、いくつかの情報が自動化されていない場合は、ワーキングメモリは、単語を読む前の段階で、その単語を小さなユニットに分割することに用いられるでしょう。結果として、ワーキングメモリの容量は、単に単語を読むといった低いレベルの処理と、複数の単語から一つの文章の意味を理解するといった高いレベルの処理の両者に用いられるのです。その結果、ワーキングメモリにすでに重い負担がかかっています。

しかし、大人のいくつかのケースはワーキングメモリの不足の実証がされていません。たとえば、ディスレクシアの大学生と通常の読字能力を有する大学生のワーキングメモリスキルの比較をした研究は

(Alloway et al., 2014)、ディスレクシアの大学生は通常の大学生と似たようなワーキングメモリ課題の成績であることを明らかにしました。ワーキングメモリを使わないほど十分に音韻的な処理スキルを発達させているため、これらの大人はワーキングメモリの欠損を示さなかったのかもしれません。さらに、これは大学生を対象としており、大学に入学するのに十分成功しているため、彼らはワーキングメモリに負担をかけない対処メカニズムを発達させていたのかもしれません。

HOW ワーキングメモリを支援する方略

ここでは2種類の方略を説明します。一つはディスレクシアの子ども適用できる**一般的なワーキングメモリ方略**であり、もう一つはディスレクシアの子どもに**特化したワーキングメモリ方略**です。クラス内の子どもの実態に応じて、適宜変更しながら活用してください。

一般的な方略

■ワーキングメモリを支援するために、視覚的に提示する：ディスレクシアの子どもの強み（視空間性ワーキングメモリ）に頼った方法です。ディスレクシアの子どもは読むことに困難を抱えているので、視覚的に提示することは彼らの学習を助けます。13歳のディスレクシアの男児は、ラテン語の授業で学んだことを視覚化するために、ミノタウルスのすばらしい絵を描き、そこに日付と出来事を一緒に記入しました。スコットランド人の教師であるアンは、3つの単語のうち、同じ二文字から始まる単語を探す課題において、絵を使って子どもに教えることを行ないました。この支援は、ワーキングメモリの負担を減らしたので、子どもはどの単語を選べばよいかに集中することができました。

■活動中のワーキングメモリによる処理を減らす：情報を別の仕方で提示することです。コロラドに住む歴史の教師、ジェームズはディスレクシアの子どもを受け持っています。彼によると、歴史の日付などは、それを時代順に横に並べていくよりも、上から下へと縦に並べていくほうが教えやすいと言います。情報を縦に配置して提示することにより、ディスレクシアの子どもたちは、情報を視覚化しやすくなり、情報を処理しやすくなります。

勉強のめあてを示すことや要約したノートを使うことで、子どもは授業についていきやすくなりますし、授業で中心的なテーマが何かを伝えるのに有用です。それぞれの知識の関係を例証し、すでに知っている知識と新しい情報をつなげるといったことは、単にディスレクシアの子どもが授業についていけるようにすること以上に、授業の内容を覚えるために、ワーキングメモリを使い続けることを助けます。

■複雑な活動では、どこまでやったかを示し続ける：読みを始めたばかりの幼いディスレクシアの子どもは、しばしば知らない単語を読むことに長い時間をかけ、結果的に落ちこぼれてしまいます。年齢が進むと、知らない単語を読むのに時間をかけたくないので、知らない単語を飛ばして読むようになります。段落の最後に到達するまでに、彼らは多くの単語を読み飛ばすので、文章の意味を理解することができません。

知らない単語の下に印をつけるようにうながしてみましょう（もし、教科書に書き込みたくなければ、鉛筆を用いましょう）。読み終わったら、その知らない単語に戻るように伝えます。自分がどこを読んでいるかを把握するために、定規を使うこともできます。

特化した方略

■**文字と単語の構成要素を自動化する：**ディスレクシアの子どもは、文字と単語の構成要素（'er'や'ight'のようなもの）を識別することに問題があり、聞こえた音を再構成するために多くのワーキングメモリを使わなければなりません。すると、たとえば、単語の意味を定義し、文章や段落を意味づけるといったような、彼らが読んでいるものを理解するための作業に割り振られるワーキングメモリの容量はほとんどありません。

＊より早期の方略：幼いディスレクシアの子どもは、文字や単語を識別することに慣れさせることで、文章を理解するために使われるワーキングメモリの容量をセーブすることができます。本や雑誌や新聞などから1ページ抜き出します。そして、そのページにあるすべての't'、すべての'er'、すべての'ought'…などを丸で囲ませます。まず一度に1つの文字あるいは単語の終わりの部分に集

中させます。次に、文字や単語の構成要素が身についてきたら、徐々に積み上げていきます。急がずに、一貫してターゲットをすべて丸で囲めるようになるように援助します。

■ワーキングメモリの処理速度を速める：年齢の高いディスレクシアの子どもは、しばしば文章を読むためにワーキングメモリを使ってしまうので、文章を理解するために必要とされるワーキングメモリは残されていません。ワーキングメモリのスピードをあげるための方法として、簡単な節を読ませ、速読する力をつけさせます。このトレーニングによって、単語を速く読む能力が上がるだけでなく、読書の自信がつくでしょう。

■ワーキングメモリによる処理を減らすために、ゆっくり話す：ディスレクシアの子どもは情報を処理するのに長い時間を要するので、速く話すことは全体の指示を覚えることを阻害します。心にとめてほしいことは、ゆっくり話すことです。熟練した教師は、特に心がけてください。これまでたくさんの授業をしてきたかもしれないですが、子どもはその授業を初めて聞きます。

■ワーキングメモリによる処理を減らすために、指示を録音する：ディスレクシアの子どもは一般的に、口頭でのコミュニケーション能力は優れています。しかし、しばしば彼らの話すことと書くことの間には乖離があります。書く前に何が言いたいのか録音することで、ディスレクシアの子どもは考えを整理でき、彼らの書き能力が話す能力とマッチした作文を計画できるのです。

■情報を活性化し続けるために、リハーサルをうながす：ディスレクシアの子どもはしばしば言われたことの最初の部分を忘れます。

＊より早期の方略：子どもたちにリストの最初から、正しい順番でそれぞれを声に出すようにうながします。高学年の子どもは、最終的に頭の中で情報をくり返すことができるようになるのですが、年齢の低い子どもの場合、口を動かし小さな声で話すほうがやりやすいでしょう。

■ワーキングメモリの負荷を減らすために、活動を短くする：ディスレクシアの人は、課題に多くの心的努力を要するので、課題を時間通りに終わらせるのは困難です。活動時間を短くすることで、ワーキングメモリの処理にかかる負荷を軽減することができます。高学年の子どもには、宿題を少なくしましょう。もし通常の宿題がかけ算20題であったら、ディスレクシアの子どもには、代わりに10～12題を出題しましょう。計算のプロセスに多くの処理資源を費やし、ストレスを抱えることなく、授業中に学んだことを身につけていくことができます。

＊より早期の方略：メアリーは、6歳児クラスで、10本の花の列のワークシートを用いて、「最初、3番目、最後」の意味を教えていました。彼女はそれぞれの意味を一つずつ示し、子どもがすべきこと、すなわち列の該当する花に色を塗ることをやってみせました。しかし、ワーキングメモリの小さい男の子サムは、依然として何をすべきか理解できず、ランダムに花を塗ってしまいました。そこで、教師は5本の花の列のワークシートを用い、彼に向けて指示をくり返しました。すると、彼は、すぐに、その意味を理解することができ、翌週、「2番目、4番目、5番目」の意味を、クラ

スの子どもたちとともに学ぶことができたのでした。

■**ワーキングメモリによる処理を減らすために、情報を具体的にする：** 複雑な課題のときには、彼らがどこをやっているかをわかりやすくするために、より具体的な情報を与えます。箇条書きの冒頭を「・」で示す代わりに数字を使ったり、低学年の子どもには異なる色を用います。

論点：授業方法それ自体がディスレクシアを生み出しているか？

ホリスティック（全体的）な方法で読むという学習――読み手は、単語を視覚的な特徴でとらえていくことが求められる――が、読みの困難を生み出しているのでしょうか。この方法は、その単語がどのように見えるかに着目するものです。この単語は、ぶら下がるものがあるか、突き出たものがあるか。読み始めの子どもたちは、目で見ながら単語についてデータベースを作り上げていかなければなりません。オーディオブックもまた、耳で聞いたものをページ上のものと対応づけていくものであるため、このような読みの方法がうながされます。

始めの頃は、子どもや教師も、読めるという達成感のようなものを得ることができるかもしれません。しかし、複数の専門家は、そうした方法が、かえって読む能力を阻害し、最終的に読みの困難さを導いていると考えています。子どもは、心的辞書に新しい単語を加え続けていく必要があるため、「一目読み（sight reading）」は高い記憶能力が必要です。授業時間において、新しい単語が次つぎと教えられ、そのスピードが子どもにとって速すぎると、授業についていけなくなり、クラスからも遅れてしまいます。

こうした読み方は、音韻的な学習方法のようには、読みに関する手がかりを与えません。一方、音韻的な学習方法は、子どもに文字と音声の対応づけを教えるものです。そのため、子どもたちは、新しい単語を音声化しながら、判読するスキルを身につけることができます。音韻認識と言語性ワーキングメモリの能力はともに重要であるため、複数の教育者が示唆するように、読みを教える教育方法として、英語の綴り字と発音の関係を教える音韻的な学習方法（フォニックス）を再評価する必要があります。

Case Study

ケース・スタディ：レベッカ

16歳のレベッカは公立高校の2年生でした。彼女はとても人気者で多くの課外活動、おもにスポーツを行なっていました。私は、彼女の選択授業と音楽鑑賞の教師でしたが、すぐに彼女に問題があることに気づきました。私の授業では、音楽や歴史の教科書を読んだり書いたりしなければなりません。

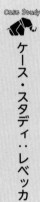

私の授業では、子どもに曲を作らせるという課題を出しますが、子どもが自分の作曲した曲にまつわるインスピレーションについて短いエッセイを書かせます。作曲プログラムでは、子どもが音符を入れていくと歌になるので、深い音楽的知識は必要ありませんでした。レベッカは作曲には秀でていましたが、エッセイを書く宿題はできがよくありませんでした。課題は1時間で完成させなければなりませんでしたが、レベッカは時間延長を必要としました。彼女はエッセイの部分を翌日に提出しましたが、ミスがいっぱいでした。たとえば、彼女の綴りは混乱していました。'My mother was my inspiration for this song.' と言う代わりに、'Mother my song was inspiration for this.' と彼女は書いていました。

同時に複数の課題をすることにも問題がありました。私はしばしば子どもに、一つの楽曲を与え、注釈を加えたり、音楽的作品をもとにした読み物を作ったり、エッセイを書く、といった課題を出しました。レベッカはしばしば、どの課題を最初にして、それぞれの課題のために何をする必要があるのか混乱しました。また彼女は課題の教科書を読むのに膨大な時間がかかりました。

方略

●ワーキングメモリの負荷を減らすために、活動を短くする

私はレベッカのペースに合わせるため、自分の授業計画を整理しなおしました。一度に3つの課題を出す代わりに、最初に1つの課題を出し、子どもがそれを完成させたあと、次の課題を1つ渡しました。

●ワーキングメモリによる処理を減らすために、情報を具体的にする

授業で指示を口頭で伝えるだけでなく、ボードにそれらを書き、完成させる順序をつけました。たとえば、#1トランペットを使って作曲する、#2チャック・マンジョーネについての話を読む、#3彼について学んだ関心のある事実を3つ書く。こうしたことにより、レベッカは、課題達成のために必要な筋道を辿ることが容易になりました。

●活動中のワーキングメモリによる処理を減らす

レベッカの最大の困難は読むことだったので、読む課題の音声テープを彼女に提供しました。これにより、彼女は授業についていけるようになり、活動をすべて完了することができました。

●ワーキングメモリによる処理を減らすために、情報を分割する

また私はレベッカのために、エッセイを小さな2つの文章のチャンクに分割しました。長いエッセイの課題の代わりに、私は小さな質問をしました。たとえば、エッセイのテーマが「ルイ・アームストロングについて簡潔に説明し、彼の経歴と人生について関心のある事実をいくつか書きなさい」であれば、私は次のように分割しました。「ルイ・アームストロングとは誰か?」「ルイ・アー

ムストロングが演奏した楽器は何だったか?」「ルイ・アームストロングについて関心のある事実をあげなさい」。これらの質問はエッセイに必要なものと関連しているし、レベッカが宿題を完成させるために、スモールステップで歩むことができるものでした。

私は'monotone'のような大きな単語を小さいユニット――'mono'と'tone'――に分割したので、レベッカはそれらを認識し、どういう意味かを理解することができました。私は課題や単語でさえも分割することで、授業中の彼女のパフォーマンスが劇的に改善したことがわかりました。

Case Study

ケース・スタディ：ジャレッド

ジャレッドは9歳の男の子で、4年生の私のクラスにいます。彼はうまく適応しているように見えていますが、学校の勉強に関しては自尊心が非常に低下しています。彼はこの数週間にわたって学業に問題を抱えていますが、緩やかなペースで進めるクラスに入るほど成績は悪くありません。私が教えている間、彼はぼーっとして教室の窓外の木々を見つめていることに気づきました。彼は不注意があり、クラスで困難を抱えていました。彼のクラスメイトの大半が解き、説明することのできる算数の問題をジャレッドはできませんでした。彼を一日観察したとき、彼は数式を紙に書くよりもむしろ、自分の指を使って数字を数えていることに気がつきました。たとえば、「10×8」の問題では、彼は10本の自分の指を使って、「10、20、30、40、…」と数え、「80」の答えに到達するまで数えていました。

ジャレッドは読む課題に挑戦するときも同様です。それらをやっている間、彼はフラストレーションがたまり、しばしば机が動くと文句を言い、書くことに集中できません。彼は、読もうとすると、腹痛と頭痛がすると私に言いました。1ページ読むのに30分かかり、声に出して読むように言うと、同じ行を何回も読んだり、行をとばしてしまいます。

方略

●ワーキングメモリがオーバーフローを起こさないように、気が散るものを最小限にする

ジャレッドには個別に注意を向ける必要があったので、私は彼の机を教室の一番前にし、窓とドアからも離しました。すると、彼は、より授業に集中できるようになりました。

●ワーキングメモリによる処理を減らすために、情報を分割する

算数のプリントの問題を解くために、1つのステップごとにジャレッドに教えました。「10×8」という問題を取り上げて、日本の筆算のように8の上に10を書くように（$\begin{array}{r}10\\ 8\\ \hline\end{array}$）言いました。そして、「10」の中の1の位である「0」に「8」をかけ、再び10の位である「1」に「8」をかけました。結果は「80」で、自分の指を使うよりも、授業で教えたようなステップに彼が従うのを見ることができました。この方法により、彼はより複雑な算数の問題を同様のステップで解くことができました。一度に2つの文章を読むように彼に言い、そして3つの文章…というように、彼が一度に1ページすべてを読めるまで行ないました。

●**複雑な活動では、自分がどこまでやったかを示し続ける**

ジャレッドが読んでいるとき、私はアイスキャンディーの棒を渡して、それを使うように彼に言いました。彼はページの上にその棒を置いて、棒の上に沿って文章を読むことができました。この木の棒は、彼が読んでいる単語の下線になるので、同じ文章をくり返し読んだり、文章を飛ばし読みするといった間違いがなくなりました。

●**ワーキングメモリの負荷を減らすために、活動を短くする**

ジャレッドは読書中、しばしば乗り物酔いのような状態になります。彼は自分の机が動いていると思っていたのですが、じつはそうではなかったのです。こうした状況に対応するため、私たちは彼がちょうど読み終えた情報について話し合いを行ない、読書の合間、合間に休憩をとることにしました。これは頭痛の発生を劇的に減らし、ちょうど読んだばかりの情報を処理し、その情報を保持する時間を彼に与えました。

要約

1．中核的症状：読字障害（ディスレクシア）の子どもは、音韻認識（単語の音の学習や区別）に困難があるため、綴りや読み書きの問題をもっています。

2．ワーキングメモリの特徴：読字障害の子どもは、言語性ワーキングメモリは小さいものの、視空間性ワーキングメモリは平均レベルです。

3．支援方法：授業活動でのワーキングメモリによる処理を減らすために、指示や活動を短くして、こうした子どもたちをサポートしましょう。

第4章 算数障害（ディスカルキュリア）――限局性学習症2

本章のポイント

- **WHAT** 算数障害（ディスカルキュリア）とは？
- **WHERE** 影響する脳の部位はどこか？
- **WHY** なぜワーキングメモリが算数障害と関連するのか？
- **HOW** 算数障害の子どものワーキングメモリをどのように支援できるか？

世界の異なる地域から、とても似た話が2つ届いています。アメリカに住むジャネットは、学習に多くの問題を抱えている12歳の娘、マデリーンについて次のように語っています。

「マデリーンは、ほんの少しも覚えることができません！　これまでの3年間、彼女のために算数の家庭教師を雇っています。時間は1週間に1回、たった30分です。彼女は、それ以上の時間、勉強に集中できませんから。彼女は算数に心理的な壁があるようです。ここ2年、何の改善もみられません。彼女はすっかり興味を失っているようで、〝絶対できない〟といつも言っています。」

もう一人の母親は、イギリスに住む息子のジェイコブ（10歳）について次のように述べています。

「いまだに簡単な算数に苦戦しています。時間についての学習がとても遅く、〝30分後〟もわかっていません。夏休みの間ずっと練習して、5の段の九九を覚えましたが、今では、忘れてしまっています。」

マデリーンとジェイコブはともに、算数の学習や理解が困難な算数障害（dyscalculia）があります。算数障害の子どもは、のちの数的能力を身につけていくために必要な基本的な数の知識（「数の感覚」）が欠けています。たとえば、彼らはしばしば基本的な数字の名前がわかりません（「ハチ」は8を、「ニジュウ」は20を意味する）。彼らはまた数の大きさに苦しみ、たとえば37のような数が28より大きいかいかがわかりません。しかし算数障害はそうした数字の問題よりも、ジェイコブのケースのように時間についての理解や左右の区別、パターンの認識などもむずかしいといった、たくさんの問題を包含しています。算数にはさまざまな能力が複雑にかかわっているため、算数障害についての理解は、ディスレクシアよりも遅れています。

WHAT it is 算数障害（ディスカルキュリア）とは？

算数障害（ディスカルキュリア）の子どもは、順番を数えるといった、計数の基本的なルールについては理解できますが、より複雑な算数課題に問題があります。定型発達の子どもは、こうした算数のルールを3、4歳で理解し、そこから知識を積み上げていきます。たとえば、彼らは数直線上の数字を左から右に数えていけることを学びます。しかし、算数障害の子どもは、こうした概念の理解が1〜2年ほど遅れます。

基本的な算数スキルを学習する進度は、定型発達の子どもよりも遅れてしまいます。彼らは同年代の子どものように、数的事実を覚えられず、またすぐに忘れてしまいます。そのため「1＋3＝？」のような簡単な計算問題を解くときでも、指で数えるといった何らかの方略を用いないと答えることができません。しかし、そのような方略はたいてい時間がかかり、効率が悪いため、ミスをしてしまいます。

DSMと診断

「DSM-5」の診断基準の変更にともない、現在では算数障害は限局性学習症としてのカテゴリーに入っています。この診断の焦点は学習全般の達成度です。そこには、読み・書き・算数などの学習の困難さが含まれます。

また算数障害を同定するのに、乖離（IQの平均得点と算数得点の低さの間の差）の基準を用いる厳密な要件はもはやありません。心理学者の中には、数的感覚、暗算、空間処理、分数といった、算数能力を測定するための標準化されたテストバッテリーを好む者もいます。そのようなテストバッテリーは、算数の特定の能力の欠損を明らかにするときに有用です。

WHERE it is

ワーキングメモリと脳の中の算数

定型発達の子どもにとって、算数の問題を解くことは、それぞれの楽器を完璧に演奏するオーケストラの音楽家たちによって作られる美しい音楽に似ています。脳において、音楽の指揮者は前頭前皮質

(prefrontal cortex: PFC) であり、そこにワーキングメモリがあります。数の大きさを認識したり、数的事実を記憶したり、答えを計算する働きをする頭頂間溝（intraparietal sulcus: IPS）や角回旋といった他の脳領域がともに働いています。それらすべての脳領域は数的問題を解くために一緒に働きます（Bugden et al., 2012; Vicario et al., 2012）。

しかし、算数障害の子どもにとって、それぞれの音楽家は上手に演奏できず、指揮者は指揮を十分に行ないません。それらが組み合わさった結果、不協和音となってしまいます。脳のイメージング研究では、算数障害のある子どもは、ＩＰＳのような重要な領域の活動が低く、そのことが彼らの算数の困難さを導いていると述べられています。神経科学者もまた、算数障害の子どものＰＦＣは、同年代の子どもと異なっており、ワーキングメモリの脆弱性が根本的な原因となっていると言っています。

WHY なぜワーキングメモリが算数障害と関連するのか？

ワーキングメモリの弱さが算数障害の中核となっています（図4-1参照）。このことにより、数的事実を暗記し、それらを数的問題に当てはめることがむずかしくなっています。幼稚園から小学5年生（5〜11歳）までを対象にして、算数におけるワーキングメモリの役割を調査した大規模な研究（Friso-van den Bos et al., 2013）によると、ワーキングメモリが高い子どもほど、算数達成テストにおいてよりよい成績

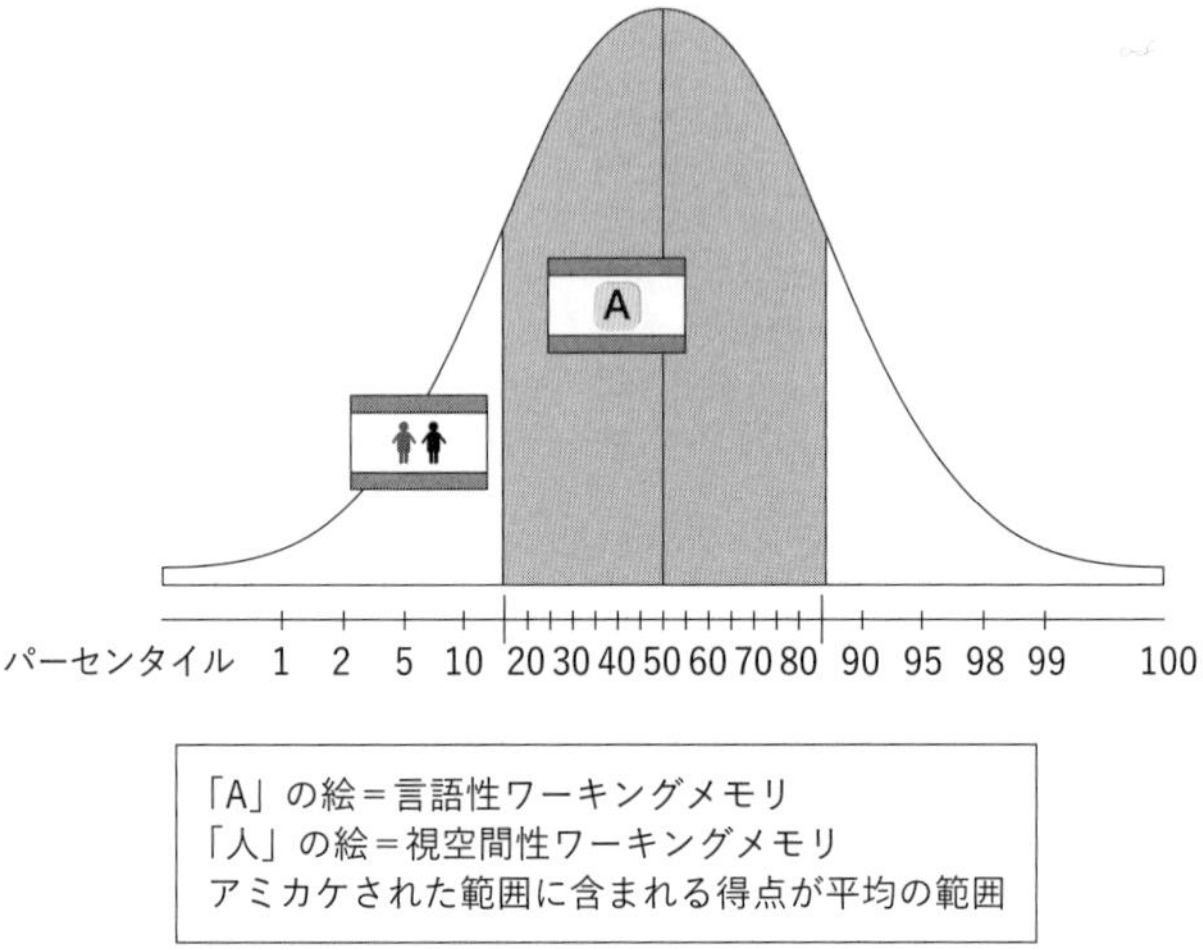

図 4-1　算数障害のワーキングメモリプロフィール

をおさめていました。子どもたちがどのくらい算数の問題を上手に解くことができるかは、特に視空間性ワーキングメモリによって予測されます。視空間性ワーキングメモリは、算数の問題を解くための心的黒板のような役割を果たしています。

定型発達の子どもは、たとえば「8＋7＝15、39は27より大きい、4×6＝24」のような情報を数的事実の図書館に蓄積させるためにワーキングメモリを使います。それから、たとえば「(36＋3)/?＝13」のような知らない問題を解くときに、定型発達の子どもは（蓄積された）数的事実を心的黒板のようなワーキングメモリを用いて操作します。しかし、算数障害の子どもは、脆弱なワーキングメモリをもつがゆえに、数的図書館に知識を集めることがむずかしいうえに、図書館の中にある数的事実を操作することもむずかしいのです。

ロバートについて考えてみましょう。彼は数字が「頭に残らない」ため、暗算の処理ができません。彼は、たとえば「37は38の前にくる」のような数の大きさを識別する簡単な段階で苦労しているために、数字が書かれているときでさえ問題を解くことがむずかしいのです。ロバートは数的事実をほとんど覚えていないため、すぐに利用できる基礎的な知識がありません。「37＋6」の問題を取り上げてみましょう。ロバートは「7＋6＝13」という数的事実を知らないので、数直線を7から1ずつ、6回数えることにワーキングメモリを使わなければなりません。1の位を計算することにワーキングメモリを費やし、（10の位で）3に繰り上がりの1を加えるのを忘れてしまい、代わりに33と答えを書いてしまいます。定型発達の子どもは、長期記憶から基礎的な数的事実を検索し、問題に適用します。しかし、ロバートは、問題の基礎的な段階を解くためにワーキングメモリを使わなければならないため、定型発達の子どもの2倍もむずかしく考えて、間違った答えを出してしまいます。

算数障害を抱える子どもの算数能力は、同年齢の集団の子どもができることに比べて遅れがみられます。米国の学習障害のための国立センターでは、算数障害を抱える生徒に共通する算数能力の不足を年齢ごとに識別しています。以下、それらの問題においてワーキングメモリが果たす役割について考えます。

幼児期のワーキングメモリと算数障害

幼い子どもたちは、印刷された数字を認識すること、それを数えることの学習に苦労します。数字の認識には、視覚情報と数値概念を結びつける必要があるため、視空間性ワーキングメモリを使わなければなりません。換言すると、文字記号の「1」と数値概念の「いち」を結びつけるためにワーキングメモリが必要だということです。算数障害の子どもは、この結びつきを習得していないため、2と8や6と9を混同します。

また、私たちはワーキングメモリを使って情報を長期記憶に移すので、その情報が必要になったときに絶えず学びなおすという必要はありません。これは、課題遂行のためのワーキングメモリを空けておくためには、効率的なプロセスとなっています。しかし、算数障害の子どもはワーキングメモリが小さいため、数的知識を長期記憶に移動させることがむずかしいので、数を数えることに苦労します。結果として、数を数えることが自動化されず、貴重なワーキングメモリを消費して、何度も数直線を学習するということになっています。

児童期のワーキングメモリと算数障害

就学年齢に達した算数障害の子どもは、より複雑な計算を解くためにワーキングメモリを必要とするので、数的事実を記憶していない彼らは状況を悪化させます。彼らは数直線や簡単な数字の大小といった数的事実を覚えるようになると、劇的に数的知識が広がっていくだろうと期待されます。たとえば、1から10といった数列だけでなく、1から100、さらには1000までを覚えられるようになるといったように。しかし、算数障害の子どもは、こうした数的事実が不足しているので、彼らのワーキングメモリにはとても負荷がかかり、簡単な関数の処理でさえワーキングメモリの余裕がありません。最終的に彼らは、ある程度までは学習します。しかし、「(15＋23) *n*＝114」のような複雑な算数の問題を解くことを求められたとき、彼らはいつも遅れてしまいます。彼らのワーキングメモリはこうした足し算の情報処理が自動化されておらず、どこかの段階で間違いを生じさせ、結果「15＋23」に行き詰まるのです。

文章問題もまた、算数障害の子どもにとっては問題です。なぜなら、問題を読んで理解するだけでなく、数的関係を処理して解答するためにもワーキングメモリを使わなければならないからです。数的知識が自動化されないと、後者（数的関係の処理と解答）はワーキングメモリに過剰な負担になります。算数障害の子どもは、いくつかの段階を経る問題と同様、文章問題を解いているうちに行き詰まり、最終的に解答をあきらめます。

成人のワーキングメモリと算数障害

成人する頃までには、彼らは基本的な数的事実を記憶した図書館を、程よい大きさにできているかもしれません。しかし、より洗練された数学概念を理解するためにワーキングメモリを使うことには苦労しています。たとえば、平方根を見つけだすといったような問題を解くためには、かけ算や数の大小といった1つ以上の数的関係の知識を総合的に考えなくてはならないからです。

算数障害と読字障害の両方をもつ子どものワーキングメモリ

心理学者は、算数障害を有する子どもの半分は読字障害を伴っているとみています。そうしたグループは、時に、限局性学習症といわれ、言語性ならびに視空間性ワーキングメモリの両者に問題がみられます。ワーキングメモリは、学習上の問題の程度によって変わってくるものなのでしょうか？　つまり、学習の困難さが軽度の子どもは、ワーキングメモリの問題は軽く、学習上のニーズの高い子どものワーキングメモリの得点は、さらに悪くなるのでしょうか？　学習の困難さの軽度の児童と重度の児童のワーキングメモリ得点を比較した研究によって、はっきりした傾向が確認されました。ワーキングメモリの乏しさは、学習の困難さの程度に一致していました。学習の困難さの軽度の児童は、軽度のワーキングメモリの問題を抱えているのみだった一方で、重度の児童はより低いワーキングメモリの得点を示しました。覚えていてほしいことは、算数と読字障害を両方もつ子どもは、たいていワーキングメモリがとても乏しく、学級において付加的な援助を必要としています（Alloway et al., 2005）。

HOW ワーキングメモリを支援する方略

ここでは2種類の方略を説明します。一つは算数障害の子どもに適用できる**一般的なワーキングメモリ方略**であり、もう一つは算数障害の子どもに**特化したワーキングメモリ方略**です。クラス内の子どもの実態に応じて、適宜変更しながら活用してください。

一般的な方略

■ワーキングメモリを支援するために、視覚的に提示する：算数障害の子どもは、視空間性ワーキングメモリに弱さがみられますが、数字を含む課題で測定した場合、その傾向は顕著です。彼らのワーキングメモリを支えるため、視空間的方略を用いること、教材に色のついたマーカーで記すこと、重要な情報を強調してヒントを与えること、といった方法が勧められます。あるイギリスの教師が逆数という代数概念を教えていたときに、12歳のルーシーに対して行なった支援方法を説明しましょう。教師はルーシーに、問題を解くには、数字をひっくり返さなければならないと説明しました。つまり3^{-2}は$1/3^2$のようにして解くということです。教師が1週間ほど説明と解法の手本を見せたにもかかわらず、ルーシーはまだその考えをつかめていないようでした。教師が困っていたそのとき、ルーシーがノートの端っこに描いた絵を見つけました。教師は、ルーシーが美術の授業が大好きであることを思い出し、彼女に逆立ちをした男の子を描くように言いました。逆数を解く際に何をすべきかを思い出させるためです。ルーシーが描いた

図4-2　ルーシーの絵

絵が図4-2です。教師は、他の代数の問題を解くためにも、視覚的な手がかりとして絵を描くことを勧めました。

■活動中のワーキングメモリによる処理を減らす：算数問題は、横並びにではなく縦に示しましょう。私たちは、ワーキングメモリを用いて、1桁の数の問題を解くときに数えたり、複数桁の数の問題を解くときに、数や途中の結果を覚えたりします。計算結果を横に提示するためには、数を記憶し、答えを保持するために、より多くの注意資源を使います。計算のステップをすべて覚えておかなければならないと、多くのミスをしてしまいます。しかし、算数問題を縦に提示することによって、処理負荷を減らし、ミスを少なくできます。

■ワーキングメモリの処理を支援するために、学習ツールと視覚補助具を用いる：方眼紙のように子どもが算数の問題を解くために行や列を作るのを助けるツールや、段階を多く含んだ問題で計算機を使うことによって、算数の活動に含まれているワーキングメモリの処理過程を減らすことができます。

＊より早期の方略：ユニットブロック（数を数えるブロック）は、ワーキングメモリに負荷をかけすぎずに算数の問題を解くために有用な方法です。たとえば、2桁の数字を足すときに、算数障害の子どもは、数を数えるブロックを使って問題を視覚化することができます。1の位を先にして次に10の位をといった具合に、計算を解くためにワーキングメモリを使うことができます。

■ワーキングメモリの負荷を減らすために、活動を短くする：時間はワーキングメモリの課題遂行において重要な鍵となります。時間的なプレッシャーにより焦って解ける問題ができなくなります。

ワーキングメモリの小さい子どもは、情報を処理する時間が十分にないとき、その情報処理に失敗してしまうことがあります。たとえば、もし彼らが20問の算数の問題を10分で解かなければならないとしたら、彼らはいやいや問題を解くでしょう。彼らは問題を解くという葛藤から逃げたい一心で、授業中に騒ぐか、目立つのを避けて静かに椅子に座っているかのどちらかでしょう。

＊より早期の方略：ワーキングメモリに過剰な負荷をかけてしまう別の例は、宿題が配られるときにあります。あるクラスでは、子どもたちが教室で学習を終えた最後の数分になって宿題が出されます。ワーキングメモリの小さい子どもは、課題を終わらせて、宿題の指示を聞き、それを予定表に書き込まなければならないという教師の指示を扱いきれません。しかし、教師が毎朝黒板に宿題の指示を書いておけば、子どもは情報を予定表に写す時間が十分にとれます。

特化した方略

■数的事実を自動化する：算数障害の子どもはしばしば数的事実をなかなか覚えられません。複数桁の算数問題を解く代わりに、数的事実を思い出すためにワーキングメモリを使わなければなりません。学習支援に携わるある教師が、12歳のグレアムの九九の学習をいかにサポートしたかについて教えてくれました。教師は「ピアノテーブル」という多感覚的な方略を用いました。これは、グレアムが、たとえば2の段の数字を声に出しながら（2、4、6…）、左から右に順番に指をタッピングします。それから彼は5本の指をタッピングしながら数を声に出して言うことで、たとえば「5×2」といった質問に指を使って答えることができるようになりました。同様に、「16には2が何個含まれているか」といった質問に対しても、彼は正解の数字になるまで指をタッピングしました。くり返し訓練することによって、彼は九九をとてもスムーズに思い出すことができるようになりました。

■**記憶を援助する教材の使用**：多くのクラスで、数直線、壁用の図版、ユニットブロックなど、数学のための視覚補助教材がある一方で、算数障害の子どもはよくそれらを使うことに失敗してしまいます。なぜ彼らはこれらの補助教材を教室での学習に活用できないのでしょうか？　残念なことに、算数障害の子どもにとって、学習の助けになる適切な視覚教材を見つけると同時に、教師が言ったことを覚え、さらに情報を処理することは、とても無理なことなのです。

＊**より早期の方略**：したがって、教師が手本を見せ、視覚教材の使用をうながすことが大切です。数直線の教材を手に取らせ、上昇順、下降順に数を数えるようにうながしてみましょう。彼らがこれらの視覚教材に慣れ親しんで使うようになれば、算数の問題と教材を結びつけることができます。この方法により、視覚教材の使い方を理解することよりも、算数の問題を解くことにワーキングメモリを使うことができるのです。

■**ワーキングメモリを支援するために、見本の算数の問題を与える**：算数の自動化の弱さとワーキングメモリの小ささが重なって、算数障害の子どもは考えをまとめ、算数の問題を解くためにするべきことを計画することができません。算数におけるワーキングメモリを援助する方法として、回答例を提示することで、問題を解くための手順を見ることができます。

■協同学習：算数障害の子どもは、クラスメイトと一緒に取り組むことで、回答例を新しい問題にどのように応用したらよいのかを学ぶことができます。算数学習におけるこうした協同的アプローチは、処理負荷を減らし、算数嫌いを防ぐのに効果的です。協同学習に関する研究は、それによって算数の推論能力が向上し、その効果は1年後も持続するといった結果を見いだしています。

Case Study

ケース・スタディ：ジェイムズ

国立センターによる学習障害のための算数障害のチェックリストにおけるジェイムズの行動：

・数的事実の学習に困難がある（足し算、引き算、かけ算、わり算）
・算数問題を解くスキルの発達に困難がある
・算数機能のための長期記憶が乏しい
・算数用語をよく知らない

ジェイムズは、13歳で、中学2年生です。彼は私の数学補習コースに移籍されました。彼はかろうじて2年間数学をしてきましたが、通常の数学クラスでは困難がありました。私は、「24-12」や「14+910」などの問題が書かれた基本的なワークシートを彼に渡して評価をしようとしました。彼は「+」や「-」の記号が何を意味しているのかわかっておらず、結局問題を解くことができませんでした。その記号が何なのかを教えたときでさえ、彼は問題を解くことに苦労しました。最終的に、数学記号が何を意味しているのか理解したときも（+は足す、-は引くなど）、彼は次の授業まではそれらを忘れていました。

彼はまた、複数桁の計算問題を解くために必要な手順を知りませんでした。たとえば、「910+14」という問題が与えられたとき、手順にそって計算するのではなく推測で答えました。1の位の数を足すことから始めて、次に10の位、最後に100の位を足そうとうながしたときでさえ、彼は手順通りできませんでした。

さらに、ジェイムズは暗算にもむずかしさがありました。私が1桁の算数の問題を黒板に書くと（5+8）、子どもは答えがわかったときには手を挙げました。ジェイムズはこれらの学習のときに手を挙げることはありませんでした。ある日の放課後、個別指導のときに、私が彼の隣にマンツーマンで座り、この学習を一緒に行なったとき、彼はまだわからずにいて、答えを思いつくことができませんでした。

方略

●数的事実を自動化する

1週目、私たちは数学記号の専門用語に取り組むことにしました。私はジェイムズに、一対のフラッシュカードを渡しました。表面に記号（＋、－、×、÷、√）が、裏面に対応する名前（足す、引く、かける、割る、平方根）が書かれています。50分の授業全部を使って、これらを復習しました。私はまた彼の前にあるホワイトボードに問題を書いて、どの記号が使われていて何を意味しているのかを尋ねました。

初日は1つの数学記号からはじめて、その日ごとに新しい数学記号を選びました。金曜日に私は彼に数学記号のクイズとワークシートを渡し、与えられた問題にどの記号が使われるかを当てさせました。たとえば、「10＋19」の問題の場合、足し算の問題であるためプラス記号を選ばなければいけません。彼は数学記号を理解するようになり、その問題を解く必要はなくなりました。彼は課題を非常によくできるようになり、1つか2つ間違えるだけになりました。

●数的事実を記憶するときに、ワーキングメモリを支援する視覚補助を用いる

1桁の足し算の問題を解くとき、視覚補助としてスティックを使い始めました。ジェイムズに「3＋6」の問題を出しました。一方は3つのスティックの山、もう一方は6つのスティックの山を見せ、2つの積み上げられたスティックの山を集めるように言いました。それから彼は2つの

山のスティックを合わせ、正しい答えである9を作りました。このことを学んだあと、似たような問題でも自分の指を使って、大きい数から小さい数を数え上げるように伝えました。たとえば、「23+6」という問題では、23から始めて、指を使って23から大きいほうへ6つ数えました。最終的に彼は「23+12」のような、10より大きい数の使い方の概念を学びました。

●ワーキングメモリを支援するために、視覚的に提示する

私は、算数問題の各段階における指示が書かれた図を、彼の机の上に貼りました。1週間、彼はこの補助図を使うことを許可されました。それから、私はその補助図を取り外して、彼にテストをしてみました。その補助図は、彼に課題を行なう際に思い出すきっかけを与え、彼に数を数えるよい習慣を身につけさせました。そして、彼はテストで満点をとりました。

●ワーキングメモリを支援するために、数学の例題を与える

割り算と平方根を使う数学の問題のとき、ジェイムズが参考にできる例題を与えました。この例題によって、問題を解く手順を学ぶためのワーキングメモリに余裕ができました。彼は手本である例題を使って、まずは問題の最初の段階を解き始めました。次の日、彼は次の段階に進み、もう一度例題を使いました。問題のすべての段階を終えるまでこれを続けました。それから1週間後、彼は例題を見ずに、問題の最初の段階を解きました。最終的には、彼は自分の力だけで数

学の問題のすべてを解きました。

Case Study

ケース・スタディ：サマンサ

国立センターによる学習障害のための算数障害のチェックリストにおけるサマンサの行動：

・ものごとを推測するむずかしさ

・論理的な方法でものごとを組み立てることが困難

・暗算の困難

サマンサは15歳で、料理コースの中学3年生でした。入門カリキュラムのとき、子どもたちはみな、食べ物やレシピに関する基本的な計量を理解する必要がありました。私はふつう、それぞれの道具が何に使われるのか、それぞれの計量が何を意味するのかなど、台所設備の種類を紹介することにあまり時間をかけていませんでした。1週間後、私は台所器具や計量、簡単な変換についてのクイズを出しました（たとえば、1カップは何オンス（重さ）あるでしょう？　同量でオンスからグラムに変換する）。サマンサは器具を当てることはできましたが、計量と変換のテストで間違えました。テストのこの部分を間違えた子どもに対しては、ふだんの調理の際に、オンスで書かれたレシピを渡し、それからそれをカップの分量に変換させています。サマンサはこの手順がかなりできておらず、彼女のレシピは期待通りに変換されていませんでした。

私は、サマンサをこのコースで続けさせ、もっと料理のできるチームと組ませることを決めました。しかし、彼女はチームに貢献できませんでした。彼女は分量を測って、レシピに従って料理に加えることができていなかったのです。

方略

●数的事実を自動化する

私は計量器具を取り出し、それらの名前を説明し、サマンサの記憶の支援となるようにラベルを貼りました。たとえば、大さじを取って、「大さじ」と書かれたラベルを貼りました。いったん計量法をマスターすると、彼女はグループの中で道具を使って料理をすることができました。

●ワーキングメモリを支援するために、視覚的に提示する

私は、サマンサがオンスからカップへ、小さじから大さじへの変換を学ぶサポートをしました。私は1カップの計量カップを取り出し、8オンスとラベルを貼りました。私は彼女に計量法をくり返し伝え、それを復唱させせました。私はまた、基準として使えるように、変換について図で示した手引書を渡しました。変換のルールを教えてから1か月後、私が彼女に再びクイズを出したところ、特に視覚情報を含んだ質問の場合、彼女は劇的に改善していました。

●視覚教材の使い方の手本を見せる

それから私はサマンサに、「1カップが8オンスだとすれば、1／2カップは何オンス？」のような複雑な質問をしました。私は問題を書き出し、2つの計量カップを使いました。一つは1カップをいっぱいに満たし、もう一つは半分まで入れています。彼女は、私の手本を観察したあと、1／2カップが4オンスに等しいことを理解することができました。彼女がこれらについて十分に理解できるようになるまで、何週間かはラベルの貼られた道具を使ってもいいことにしました。

Case Study

ケース・スタディ：クリストファー

国立センターによる学習障害のための算数障害のチェックリストにおけるクリストファーの行動：

・食料雑貨店での勘定のような、値段の見積りが困難

・基礎的な数的事実の背後にある、数的概念を学ぶことがむずかしい

・小切手帳や勘定書の予算を立てたり帳尻を合わせたりする能力が乏しい

クリストファーは20歳の成人で、一人暮らしを始めたばかりです。彼は携帯電話会社の電話消費者サービスのセールスマンとして働いています。最初は両親に生活費を支えてもらっていましたが、クリストファーは自分で買い物をしたり、お金の管理をする責任がありました。給料は食料や他の日用品を買う費用に当てられました。しかし、初任給のあと、彼はやりくりするために貯金を使い果たしてしまいました。彼の母親は、銀行のことを話し合うために彼の家を訪ね、そして金融の教師である私に電話をかけて、予算の立て方についてクリストファーと取り組むことにしました。財政プログラムでは、彼とともに食料雑貨店へ買い物に行きました。私は彼に、商品を5つ買って税抜きで20ドルになるように求めました。彼が5つ商品を取って一緒に金額を足すと、35ドルの価格の商品を集めていました。

方略

●活動中のワーキングメモリによる処理を減らす

私はクリストファーに、ちょうど10ドルになるような商品を2つ見つけてくるよう言いました。彼はこの作業はよくできました。それから私はもっと品数を増やし、合計の金額も増やしていきました。

●ワーキングメモリの処理を支援する学習ツールを用いる

クリストファーは、ショッピングカートに多くの商品を入れるので、購入品を合計するために電卓を使いました。それから私は彼に電卓の使用をやめさせ、購入品をすべて一覧にしたノートを作って使うように言いました。4週間後、彼は購入品を集計し、その合計金額に基づいて1週間の食料品の予算を立てました。毎週、彼は商品を買うためのガイドとして、ノートに記入した食料品リストを使い、予算に従って購入品の合計を算出することができるようになりました。

●ワーキングメモリの処理を支援する学習ツールを用いる

私は彼に、金額の切り上げを覚えさせるため、一度に1つの商品だけを買うように勧めました。たとえば、彼が最初に0・99ドルの（切り上げると1ドルの）商品を取り、その金額をワーキングメモリにとどめておきます。彼が次に取る商品は3・99ドル（切り上げると4ドル）で、彼は最初の1ドルの商品と足します。彼はすべての買い物を終えるまで、そのステップに従います。

その月の終わりには、彼は小切手帳の収支をとれるようになりました。適切な予算を立てられるようになったため、食料雑貨類などの商品を買いすぎることがなくなりました。彼は予算の収支をきちんととれるようになったので、給与を貯金できるようになり、親から自立した生活を送ることができるようになりました。

要約

1. 中核的症状：算数障害の子どもは数的感覚が乏しいため、低学年では数字の規則や数的事実を学ぶことが困難になり、高学年では複雑な算数や文章問題を解くことが困難になります。
2. ワーキングメモリの特徴：算数障害の子どもは、「視空間性ワーキングメモリ」に障害があります。低学年の子ども（5～7歳）はまた、言語性ワーキングメモリの脆弱性も抱えています。一方、高学年の子ども（8歳以上）の言語性ワーキングメモリは、平均的になります。
3. 支援方法：ワーキングメモリの処理を最小限にするために、数的事実を自動化させ、視覚表現を用いるといったサポートをしましょう。

第5章

発達性協調運動症（ＤＣＤ）

本章のポイント

- WHAT　発達性協調運動症（ＤＣＤ）とは？
- WHERE　影響する脳の部位はどこか？
- WHY　なぜワーキングメモリがＤＣＤと関連するのか？
- HOW　ＤＣＤの子どものワーキングメモリをどのように支援できるか？

図５-１の文章を見てください。何歳の子どもがこれを書いたと思いますか。６歳くらいの子どもが書いたように見えませんか？　じつは、12歳のトムの文章です。彼のＩＱは平均であり、発達性協調

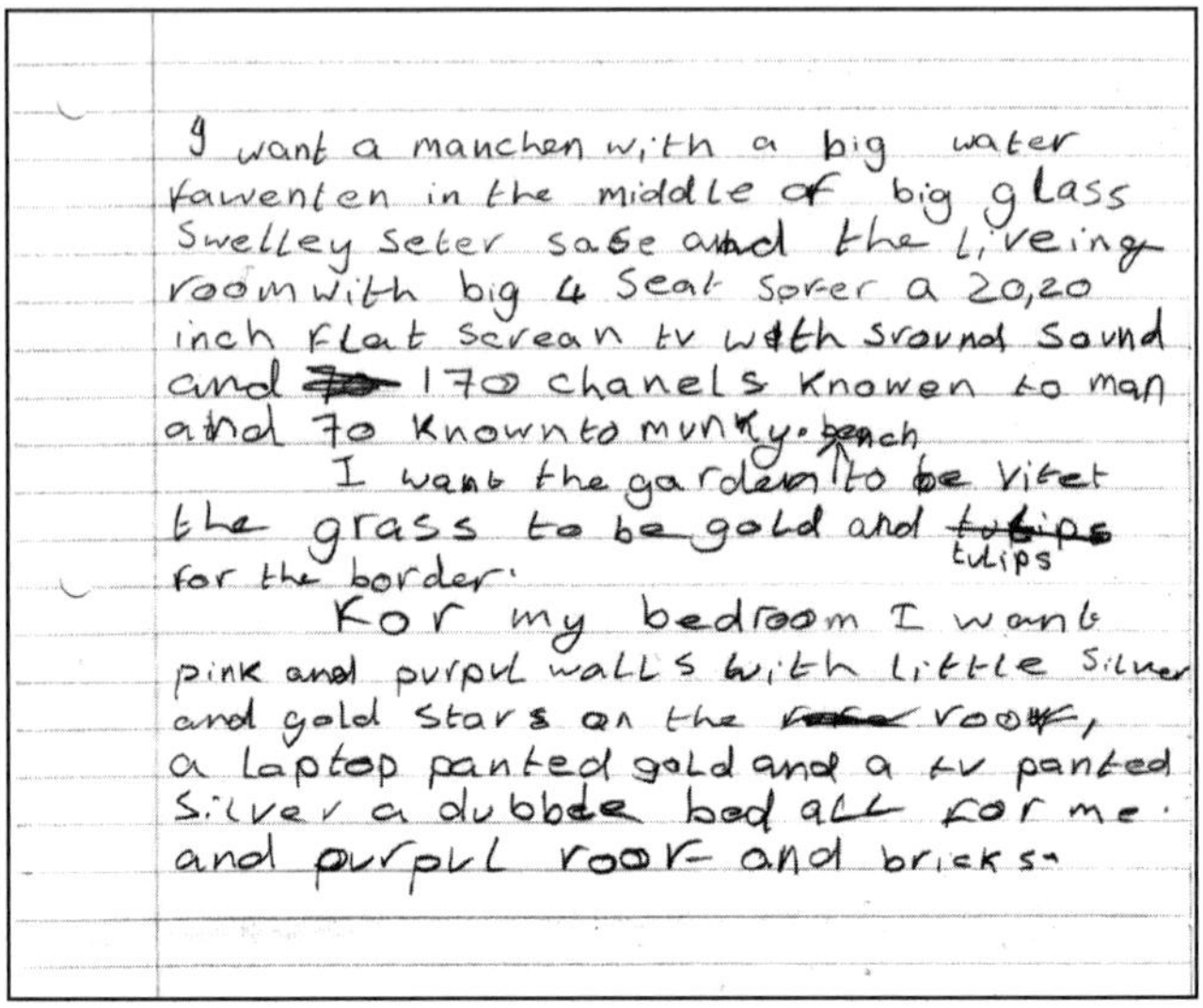

I want a manchen with a big water
fawenten in the middle of big glass
Swelley seter sage and the liveing
room with big 4 seat sofer a 20,20
inch flat screan tv with sround sound
and ~~70~~ 170 chanels knowen to man
and 70 known to munky. beach
I want the garden to be viret
the grass to be gold and ~~tulips~~ tulips
for the border.
For my bedroom I want
pink and purpul walls with little silver
and gold stars on the ~~roof~~ roof,
a laptop panted gold and a tv panted
silver a dubble bed all for me.
and purpul roof and bricks.

図 5-1　トムの文章

運動症（DCD）と診断されています。彼は、微細運動をコントロールするのに問題があり、正しい位置で鉛筆やペンを持つことや、基本的な文字を習得すること、そして、通常の速さで書くことにさえ困難を伴います。トムはこう言いました。「何かを書かなければいけない宿題は大嫌い！　僕はクラスで一番遅いし、いつもイライラしちゃう。書かなくてもよかったらなあ」。授業で微細運動スキルの問題が最も顕在化するのは、書字活動のときです。

トライ：微細運動

あなたの微細運動をテストしてみましょう。利き手とは逆の手で鉛筆を持ちましょう（あなたが右手で字を書いているならば、左手に鉛筆を持ってください）。鉛筆を持った感じはどうですか？　ちょうどいい場所を見つけるのにしばらくかかりましたか？　しばしば鉛筆を持ち替えましたか？

さあ、文を書きましょう。そして誰かに読んでもらうようお願いしてください。あなたが書いたものを読むのはむずかしいですか？　あなたの書いたものは、利き手で書いたものと比べてどうですか？　あなたは今、ＤＣＤの子どもの経験する微細運動の問題を追体験していたのです。

WHAT it is　発達性協調運動症（DCD）とは？

発達性協調運動症（ＤＣＤ）の子どもが直面する困難は、書くことだけではありません。ＤＣＤは、幅広い範囲での運動と視覚の困難さに特徴があります。次のシーンを思い浮かべてください。スージーは運動場で友だちに向かって走って行きます。彼女はつまずき転んでしまいました。すぐに起き上がって笑っています。友だちはジャングルジムに上り右から左に移動しています。ゆっくり行けば、梯子を踏みはずさないことは知っていましたが、スージーは傍に立ったままです。図画工作の時間は大好きでしたが、体育は嫌いでした。彼女はいつもチームに選ばれるのが最後でしたし、たいていドキドキしてボールをキャッチできないか、うまくキャッチできても、落としてしまいます。体育に行かなくてもよいように、彼女は、いつも、教室で教師が教材を整理するのを進んで手伝います。時どきは、教師に片づけを頼まれると、ごちゃごちゃにしてしまうことがありましたが、手伝いは体育よりも好きでした。

スージーのような子が、あなたのクラスにいるかもしれません。彼らは、バランス運動が苦手で、左と右をなかなか区別できず、空間に関する認識が弱く、それらの結果として、自尊感情が低くなります。低学年の子どもは、教材用のコインをつまんだり、外出する前にコートのボタンをとめたり、靴ひもを結んだりといったことがうまくできません。高学年の子どもでは、キーボードを用いることで、書くことの問題を和らげられるかもしれませんが、運動スキルが乏しいため、それもむずかしいと感じます。

また、視覚障害、運動コントロールと運動学習に関連しています。たとえば、DCDの子どもは追跡スキルが弱いため、飛んでくるボールに気づくのに遅れ、キャッチすることができません。さらに、やってくる車のスピードや距離を判断することができません。そして、3次元の視覚が弱いため、椅子や机からの距離を誤って判断します。また、パターンのあるものの中から対象物を見つけだすこともできません。

DSMと診断

小脳機能不全、知覚－運動不全、身体的なぎこちなさ、不器用さのような分類は、運動の困難さのある人の特徴を表すものとされてきました。ＤＣＤは一般に、小児科医や作業療法士といった医療関係の専門家によってアセスメントを受けます。アセスメントは標準化されたテストの成績に基づいて行なわれます（たとえば、MABC-2：Movement Assessment Battery for Children や Bruininsky-Oseretsy Test of Motor Proficiency）。

「ＤＳＭ－５」に基づいた医療的観察には以下のものが含まれます。

・同年代と比較して運動スキルが乏しいこと。
・運動障害が日々の生活に悪影響を与えていること。
・脳性麻痺といった他の疾患がないこと。

また教師が使用できるスクリーニング用の道具があります。それは診断を目的とするものではありませんが、教師は子どもの運動スキルに関する有益な情報を得ることができます。ムーブメントABC（M-ABC）は教師用の観察チェックリストで、日々の活動における運動スキルを記述的に示しています。

WHERE it is

ワーキングメモリとDCDの脳

DCDは運動や視覚に幅広く問題があるため、DCDの行動と脳のどの部分が関連し、それらがどのようにワーキングメモリと関連しているのかを特定することは困難です。これまでに、DCDの子どもが視空間性の記憶課題（visual-spatial working memory task）を実施しているときの脳の活動を調べた研究は、ただ一つだけです。子どもたちは、格子の中にてんとう虫がいる数枚の写真を見たあと、てんとう虫がどこにいたかを質問されました。DCDの子どもは定型発達の子どもに比べ、より長く時間がかかっただけではなく、成績も低く、脳活動のパターンがとても異なっていました。DCDの子どもたちは、ワーキングメモリがある前頭前皮質（prefrontal cortex: PFC）の処理容量が小さいことがわかりました。これは、空間的比較を行なう際、彼らのワーキングメモリが同世代の子どもに比べ弱いことを示しています（Tsai et al., 2012）。

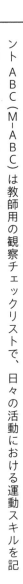

WHY

なぜワーキングメモリがＤＣＤと関連するのか？

Case Study

ケース・スタディ：ジョシュア

〝今晩、私は、ワーキングメモリの問題に関するあなたの研究成果が書かれた記事を読みました。私はすぐにその記事に目が釘づけになってしまいました。息子のジョシュアは、学習が困難で、学校の特別支援コーディネーターから特別な支援を受けています（学校からの支援は充実しています）。コーディネーターは、ジョシュアがディスレクシアとＤＣＤの傾向がみられるとしていますが、私たちは、彼の学習に最も大きな障壁となっている問題は、彼の小さいワーキングメモリにあると感じていました。このことが彼の学習のすべての領域に影響を及ぼしています。彼は行った場所や会った人などについての長期記憶はよいのですが、生まれてからこの方、耳にしたわらべうたを一行も覚えることができません。彼は一生懸命がんばりますが、綴りを覚えることや言われたことをするのが、本当にむずかしいのです。〟

視空間性ワーキングメモリの乏しさがＤＣＤの子どもの主要なワーキングメモリの弱みです。同年齢

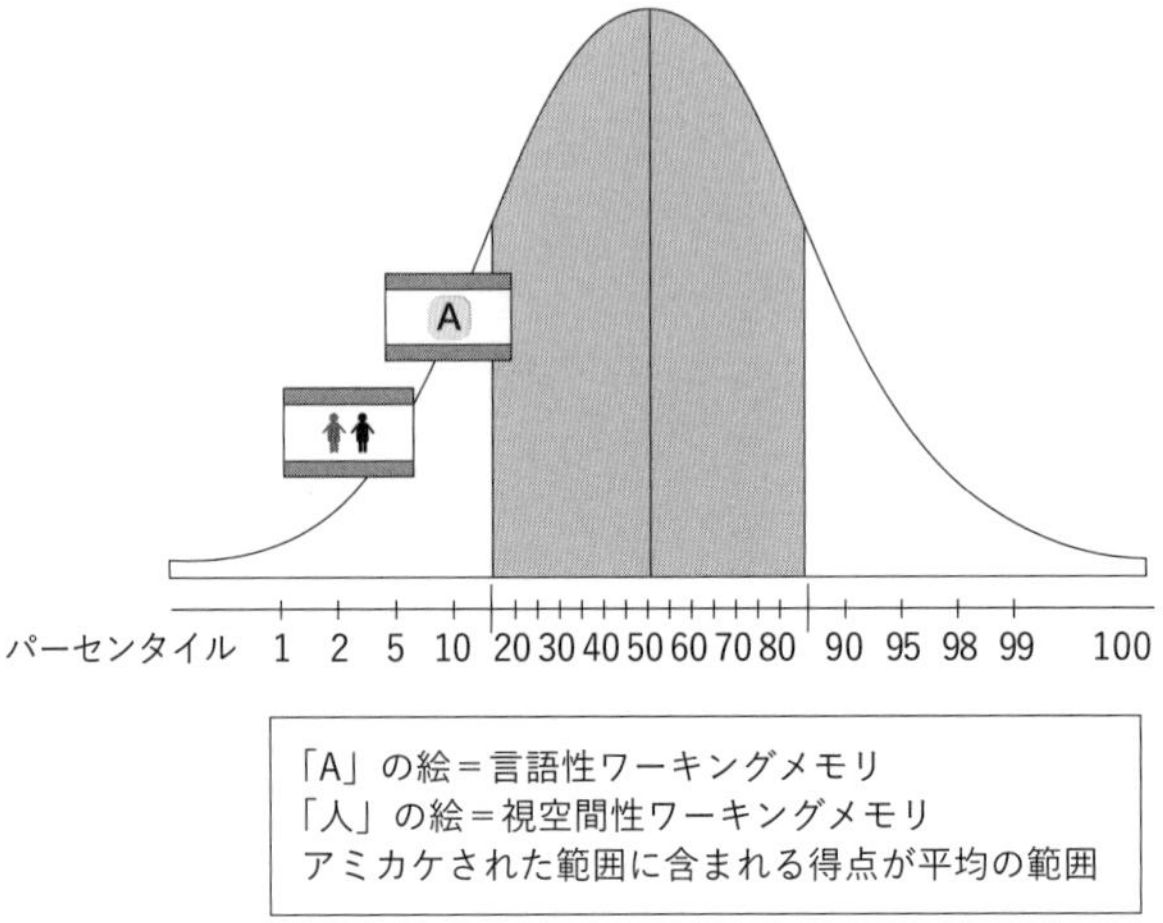

図 5-2　DCD のワーキングメモリプロフィール

の定型発達の子どもと比較したとき、彼らは視空間性ワーキングメモリの得点が7倍ほど低い傾向にあります。図5-2は、彼らのワーキングメモリは年齢で期待される得点よりかなり低いことを示しています。なぜ彼らは、黒板から表を覚えて、ノートに書き写すといった、視空間性ワーキングメモリを含んだ作業がとてもむずかしくなるのでしょうか？　これまでの研究では、私たちは、視空間性ワーキングメモリを用いて、自分の行動を計画しコントロールしていることがわかっています。つまり、これが損なわれると、空間性のプランニングを含む課題はとたんにむずかしくなるのです。

あなたはこれまで、頭をたたきながら同時にお腹をこすろうとしたことがありますか？　最初はむずかしいですが、あなたはだんだん慣れていきます。この作業であなたは同時に2つの異なった身体運動をしなければなりませんので、あなたはこの動作を行なうためにワーキングメモリを使わなければなりません。では別の動作を加えましょう。足で「ハッピーバースデイ」のリズムをタップしながら、今度は手で頭を別のリズムでタップしてください。この3番目の足の動作が加わると、ワーキングメモリに過剰な負荷となり、あなたは困惑するでしょう。DCDの子どもたちは、視空間性ワーキングメモリを使わなければならないときはいつも、同じような課題に直面しています。たとえば、黒板の表を写すときや、書き取りの作業でどこに書くかを覚えていなければいけないときなどです。

幼児期のワーキングメモリとDCD

微細運動の困難さは、幼児期の子どもの書字に影響を及ぼします。書くという作業において、子どもは、教室で遅れがちな活動を追いかけつつ、ペンも持ち続けるといった意味で二重の困難さを有しています。その結果、黒板の文章を写すといった簡単な作業でさえ、彼らにとっては、非常にむずかしいのです。

児童期のワーキングメモリとDCD

視空間性ワーキングメモリは学習上とても重要であるため、DCDの子どもは学習成果が乏しいことがよくあります。このことは、DCDの子どもの2つのグループの学習成績を比較することによって明らかになりました。一つは視空間性ワーキングメモリの能力が低いグループ、もう一つは視空間性ワーキングメモリの能力が高いグループです。視空間性ワーキングメモリの低いグループは、読みと計算の標準化テストにおいて、視空間性ワーキングメモリの高いグループよりずっと成績が低かったのです。つまり、ワーキングメモリが学習成績を決定づけていました。

■IQとワーキングメモリとDCD：定型発達の子どもにとって、IQは学習と関連があることが知られています。DCDの子どもは一般に、非言語性のIQの成績が低い傾向にあります。特に、WISCの中の積木模様（Block Design）や組み合わせ（Object Assembly subtests）のように、ブロックを回転させるといった運動の要素を含むテストにおいてその傾向がみられます。DCDの子どものワーキングメモリがIQよりも成績を決定するうえで重要なものであるかどうかを検討した研究において（Alloway, 2007）、生徒たちのIQとワーキングメモリを測定し、統計分析を用いて、どちらのグループもIQのレベルが等しくなるようにしました。彼らのワーキングメモリを比較することで、視空間性ワーキングメモリが低いグループが、視空間性ワーキングメモリが高いグループよりも成績が低いかどうかを見ることができます。ここでもまた、先ほどと同じようなパターンが出ました。つまり、DCDの子どもにおいては、IQではなくワーキングメモリが、学習の問題を引き起こしていたのです。

■DCDと学習障害：ワーキングメモリが、学業における成功と失敗の鍵となるようです。しかし、ワーキングメモリの低いDCDの子どもは、より高いワーキングメモリをもつ学習障害児と比べて、学業成績が悪いのでしょうか。アロウェイとテンプル（Alloway & Temple, 2007）によると、学習障害だけの子どもよりも、DCDがあり、かつワーキングメモリの得点が低い子どものほうが、学業成績が低いということがわかりました。

■DCDと特異的言語障害（SLI）：DCDの子どもと特異的言語障害（specific language impairment; SLI: Alloway & Archibald, 2008）の子どもを比較した際に、次のことが明らかになったことで、さらなる支援がみえてきました。SLIとは、言語的なスキルは乏しいけれども、平均的なIQを有するのが特徴です。SLI児は、過去時制を用いて言葉を使うことが困難で、定型発達の子どもに比べ、語彙が少ないことがよくあります。また、SLI児はDCDの子どもよりも、ワーキングメモリが優れています。彼らの成績を比較することで、DCDの子どもの小さいワーキングメモリが、学業成績の低さにつながっているということがわかりました。DCDの子どもは、ワーキングメモリが小さいことで、学業に困難さがもたらされているのです。その逆もまた真実です。つまり小さいワーキングメモリをサポートすることによって、彼らの成績をよくすることができます。

論点：感覚処理障害は障害か？

みなさんは、子どものころ、マルコ・ポロ［訳者注］という遊びをしたことがありますか？　私はよく鬼になり、目をつむりながら、だんだん速く走り回っていたものでした。交通量の激しい交差点の真ん中で、そのゲームをしている場面を想像してください。車はクラクションを鳴らし、犬は吠え、サイレンが近づき、人々は叫んでいます。あなたは、鬼になって、〝ポロ〟と声がするほうを探していきます。音、感触、光に過敏な子どもたちにとって、世界は無秩序な場所のようです。その結果、新しい環境は彼らにとってとても困惑させられるものです。こうした困難さは、感覚処理障害（sensory processing disorder：SPD）と見なされ、また感覚統合障害（sensory integration dysfunction）としても知られています。

「感覚処理障害」という診断名は、なぜ自分の子どもが歩く・話すという発達の基本領域で遅れてしまうのか、その説明を求める親にとっては、そうだったのかという気持ちで受け入れられるかもしれません。しかし、ＳＰＤという診断名をつけることは、彼らの両親の何らかの助けになるのでしょうか？　多くの心理学者は、ＳＰＤという診断名を両親に伝えることは、かえって不親切であると思っています。

これには理由がいくつかあります。第1に、SPDに関連する困難さは、個別の障害というよりも、神経発達の未熟さを反映しているという点です。これは、子どもの成長に伴って、費用がかかるうえ不確実な治療を受けなくても、SPDの症状が自然と治癒していくかもしれないということです。SPDは何人かの医療従事者（health practitioner）により同定される状態像ではあるものの、「DSM-5」には分類されていません。

第2に、SPDとされるものは、より深刻な障害であるDCD、ADHD、ASDといった他の障害の症状であることが多いということです。そして、SPDというラベリングによって、両親は子どもが支援を受けていると安心してしまうかもしれません。しかし、それによってより重大な問題が見過ごされてしまった場合には、逆に適切な治療がなされないことにつながります。

最後の理由は、SPDの診断や治療方法に関して、医学的な研究がほとんど発表されていないことです。発表された論文も、対象者の人数が少なすぎるといった理由から批判されています。SPDの特徴は実際に存在しますが、（研究対象としての）その特徴は、正確なアセスメントや適切な治療が必要なより深刻な場合の別の障害を示唆するものであるようです。

［訳者注］鬼ごっこの一種。鬼役の人は目をつぶったまま逃げる人を探す。鬼が〝マルコ〟と言ったら、逃げている人は必ず〝ポロ〟と言い返さなければならず、鬼はその声を頼りに探すことになる。

成人のワーキングメモリとＤＣＤ

ＤＣＤの成人にとって、新たに特定の動きを習得するような課題に取り組むことは非常にむずかしいことです。ＤＣＤの成人を対象にインタビューを行なったある研究では、車を並列駐車したり、バックしたりといったことは特にむずかしく、〝車を運転することは簡単ではなかったという感じをもつだけだった〟と報告しています。混み合った高速道路を運転するときには、運動の困難さとともに、道を探す、交通状況を判断する、他の運転手の動きを予測する等、ワーキングメモリへの負荷が重なります。すべての情報をやりくりすることは、技術のある運転手であっても過度な負荷がかかるものです。ＤＣＤの人は、混雑時の運転は、必ず避けたほうがいいでしょう。

ＤＣＤの人には、職場で新しい仕事を始めるときに、特に似たような困難が生じます。彼らのワーキングメモリは、コツを覚えることに集中する必要があります。しかし、運動の困難さによって、ワーキングメモリの容量を新しい動作の学習へと割かなければならず、結果として期待通りにできずに、ストレスを感じたり、落ち込んでしまったりします。あるＤＣＤの成人は、職場でのワーキングメモリへの過重負荷の結果について、自分の体験を次のように述べています。「私はたくさんの工場で働いてきました。おそらく最悪だったのは、溶接の機械があるマフラー工場で働いたときでした。そこで働いているときは、腕中にやけどがありました」（Missiuna et al., 2008）。

HOW ワーキングメモリを支援する方略

本節では、DCDの子どもに適用できる一般的なワーキングメモリ方略を紹介します。クラス内の子どもの実態に応じて、適宜変更しながら活用してください。

■ワーキングメモリを支援するために、視覚的に提示する：DCDの子どもは視空間性ワーキングメモリに問題があることがわかっているので、視覚的にわかりやすい学習活動や課題を行なうことが重要です。

高学年のDCDの子どもでは、視空間性ワーキングメモリの小ささゆえ、必要な教科書を必要な教室に持っていくのを忘れるといったかたちで表れるかもしれません。その場合には、その子どもの机に、教科書の写真入りの授業スケジュールを直接置くことで、子どもは正しい教科書と正しい授業を照合することができます。

ある教師の話では、彼女の教室には、前方にホワイトボードがあり、次の授業を確認するために、子どもたちはそれに近寄ったり触ったりします。多くの授業で、視覚的な補助教材があることで、多くの子どもがその恩恵を受けています。しかしDCDの子どもにとっては、ボードの場所まで歩いていき、スケジュールに記載されている授業を探し、そして机のところへ戻って、適切な教科書を取るという行動には混乱が生じてしまうかもしれません。このような子どもには、視覚的な補助教材があるというだけでは十分ではなく、補助教材を直接使用できることが重要となります。たとえば、子どもの机の上の時間割については、矢印を加え、子どもがそれを動かすことで、自分が行なっている作業は、スケジュールのどこにあたるのかを思い出すことができます。これによって、彼らはどの本が必要なのかを理解することにではなく、授業に対してワーキングメモリを集中して用いることができます。

＊より早期の方略：フロリダの教師はこのコツを共有してくれました。クラスの子どもにお弁当箱を取ってきて、ドアのそばで待っておくよう伝えれば、ほとんどがその指示に従うのに、6歳のキャリーだけは、必ずクラスの中をふらふらと歩いているそうです。この指示は、生活の流れの中でいつも使われていたので、クラスの子どもたちは、お弁当箱を取りに行くことや次にすべきことをきちんと理解していました。彼女は、いつもその指示を一つひとつくり返しましたが、キャリーには絶えず次にすることをうながす必要がありました。そんな中、うまくいった方法があります。それは、キャリーにお弁当箱の写真を与え、クラスのうしろの棚にそれと同じ写真を貼るということでした。その写真のおかげで、キャリーは、指示を理解し、彼女がすべきこと、行くべき場所がわかるようになりました。間もなく、キャリーは、すばやくお弁当箱を取りに行き、列の一番前に並ぶようになりました。

■活動中のワーキングメモリによる処理を減らす：作文は、ＤＣＤの子どもにとっては、努力を要する活動です。そうした子どもが抱えている困難には2つの側面があります。運動に困難を抱えていることで、文字を形作ることに手間取ること、そして視空間性ワーキングメモリの低さにより、書きながら自分の考えの筋道を覚えておく能力が阻害されることです。こうした子どもたちは、文字を正しく書くことにあまりに多くの労力を費やすため、ワーキングメモリのリソースを使い果たしてしまい、自分が書こうとしていたものを忘れてしまうのです。その結果生まれるのが、まとまりがなく読みにくい文章です。この問題を避けるために、書く活動を行なう際には、生徒に音声入力ソフトを使わせてあげましょう。こうすることで、生徒たちは、文字を書く方法よりも自分の考えを伝えることに集中することができるようになります。

＊より早期の方略：特に幼い子どもたちでは、友人と組ませ、手伝ってもらうことも、教室での活動中のワーキングメモリによる処理を減らす非常によい方法です。ＤＣＤの子どもはしばしば、机を整理整頓し教材を片づけるなどといった、体を動かす課題をやり遂げるのに時間がかかってしまいます。こうした日常の課題を2人で行なえばすばやく終わらせることができ、他の子どもたちのペースについていくことができます。もし誰かと組むのがその子どもだけの場合は、「仲間はずれ」だと感じさせることのないように、他の子どもたちも2人組にしましょう。

■ワーキングメモリがオーバーフローを起こさないように、気が散るものを最小限にする：教室の壁には、アルファベットや九九の表、海の中の生き物についてのポスターなどがびっしりと貼ってあることがよくあります。多くの子どもたちにとっては、こうしたポスターは、学んでいる事柄についての情報をサポートし、視覚的に学びをうながすすばらしいものです。しかしながら、視空間性ワーキングメモリの低い子どもにとっては、関係のある情報を探すためにポスターを見まわし、自分が机に向かって取り組んでいる作業と結びつけるという一連の流れは、あまりにもたいへんなものです。その結果、こうした子どもたちは、活動を行なっている間に自分がどこまでやっていたかを忘れてしまうか、活動をすべて投げ出してしまうのです。子どもたちを何も貼っていない壁の隣か、散らかっていないところに座らせることで、ワーキングメモリに過剰な負荷をかけるのを防ぎましょう。こうすることで子どもたちは、自分のワーキングメモリを課題に集中させて使うことができます。

論点：運動は学習能力を向上させるか？

過去数年、メディアでは、ジャンピングジャックやバランス感覚を鍛える運動などといった、単純な運動がいかに子どもたちを賢くするかということについてさまざまな主張がなされています。では、こうした主張には何か根拠があるのでしょうか？　最初に、運動することで運動技能が向上するのかどうかについて、科学的根拠をみてみましょう。たとえばスキップのように、単純な運動であれば、すぐに自分のスキップする能力が向上することに気がつきます。しかし、たとえばホッケーのパックをゴールにシュートするといった、比較的複雑な運動であれば、たとえ1000回以上練習を重ねたとしても、上達するのはほんの少しでしょう！

学習能力についてはどうでしょうか？　ある研究では、DCDの子どもを対象として、13週間の運動プログラムを実施しました（Alloway & Warner, 2008）。グループの半数は、ブレインジムに似た活動と同時に、別のバランス運動も行ないました。グループの残りの半数は、こうした体を動かす活動のいずれにも参加しませんでした（統制群）。私たちは運動をしたグループの変化を、この統制群と比較し測定することができました。

13週間後、運動をした子どもたちのグループの運動能力は、統制群と比べて向上していました。しかし、学業成績に影響はみられませんでした。読解や数学の成績は非常に低いままだったのです。

この研究は何を意味しているのでしょうか？　運動は脳や体にとってよいものではありますが、この研究や、現在増えているこういった研究結果は、もし私たちが、子どもたちが教室でもっとうまくやれるようになる手助けをしたいと本当に思うのであれば、ジャンピングジャックやスキップなどを子どもたちにさせるだけでは不十分だということを示しています。成績も向上させるためには、学習能力の源、すなわちワーキングメモリに取り組まなければならないのです。

Case Study

ケース・スタディ：ロバート　微細運動の障害

「DSM-5」の診断基準に関連するロバートの行動：

・運動の協調性を必要とする日常生活での活動の成果が、想定を大幅に下回る

・文字を書くことが不得意

7歳のロバートは、1年生のクラスで困難を抱えていました。授業で鉛筆を使い始めるようになるまでは、ロバートが抱えている問題は気づかれることはありませんでした。書字のカリキュラムの中で、子どもたちは文章を書き、自分が書いたものを読み上げることになっていました。ロバートは鉛筆を握ることに苦労しました。ようやくロバートが何かを書き終えたと思えば、それは紙の上の規定の線の中に収まっていませんでした。

ロバートが自分で選んだ題材をもとに創作的に文章を書くのは、この年が初めてでした。ロバートは私に、自分のおばあちゃんについて書くことはとても面白そうだと教えてくれました。しかし、自分一人で文章を書き始めなければならなくなったとき、ロバートは紙を見つめたままでじっと座っているだけでした。私がロバートのもとへ歩いて行って、作文は進んでいるかと尋ねたとき、線の落書きだけが紙の上に書かれていることに気がつきました。

方略

●微細運動をサポートすることで、ワーキングメモリによる処理を減らす

活動を始めるにあたり、私はロバートに、紙の一番上に自分の名前を書くように言いました。ロバートは鉛筆を手に持ち続けることが困難でした。私は教卓の中から輪ゴムを取り出し、鉛筆がきちんとした位置になるようにロバートの手のひらに固定しました。そうすると、ロバートは比較的簡単に自分の名前を書くことができました。

●複雑な活動では、自分がどこまでやったかを示し続ける

クラス全体で本の音読テープを聴いているとき、ロバートはナレーターの音声に続いて、自分の本にアイスキャンディーの棒を沿わせました。こうすることで、ワーキングメモリに余裕が生まれ、目で追って読むよりも、ロバートは文章を理解するようになりました。

●ワーキングメモリによる処理を減らすために、情報を分割する

私はロバートのそばに座り、彼が書きたい題材について話し合いました。ロバートが自分の作文のための主題や関連する文を作り出せるまで、私はロバートに一対一でかかわりました。

●ワーキングメモリを支援するために、視覚的に提示する

私はロバートに、スパイダー・ダイアグラムを使って文章の筋書きを作成する方法を教えました。クモの巣状の図の真ん中の吹き出しに「おばあちゃん」という言葉を入れたあと、私はロバートがおばあちゃんと一緒にしたことについて尋ねてみました。ロバートは、おばあちゃんとボーリングに行ったときのことについて教えてくれたので、私はロバートに「おばあちゃん」と書かれた吹き出しから新しい吹き出しに線を引っぱるように指示し、そこに「ボーリング」と書けるようにしました。

ロバートがアイデアを3つ思いついたあとに、私はそれぞれのアイデアを広げるように言いました。ロバートは、ボーリングに関して新しい吹き出しを作り、ボーリングの試合で勝った人について書き込みました。それぞれのアイデアについてこの作業を行なったあと、私は彼に書き始めるように指示しました。その際、まずはおばあちゃんがどんな人かを説明して、次に今自分で書き込んだトピックについて述べるように言いました。

●ワーキングメモリの負荷を減らすために、学習や活動の時間を短くする

2つの文章を書くごとに、いったん止めて2分間休憩し、ロバートがそこまでに自分で書いたものを読める時間をとりました。その翌週、ロバートは休憩をとる前に次の文を書くようになりました。最終的には、ロバートは休憩を必要とするまでに、一段落を一気に書き上げられるよう

になりました。

Case Study

ケース・スタディ：タミー　粗大運動の障害

「DSM-5」の診断基準に関連するタミーの行動：
・運動の協調性を必要とする日常生活での行動の成果が、想定を大幅に下回る
・物を落とす
・不器用
・スポーツが不得意

11歳のタミーは、私が担当する5年生のクラスにいました。最初、タミーはふつうの女の子に見えましたが、わずかに動きがぎこちなく不器用でした。しかし、時が経つにつれ、いくつか気になる点が出てきました。最初の授業の日、タミーは教卓に走って突っ込んできて、紙の束が床に散らばってしまいました。私はタミーに拾うのを手伝うように言い、タミーはめんどうなようすで紙を拾おうとしました。タミーは、紙の束を完全につかむのではなく握りしめており、床から紙を拾い上げるの

が非常にたいへんそうに見えました。タミーがこういったことをしているのを見たのは、このときが初めてだったので、私は問題だとは思いませんでした。

時が経つにつれ、タミーの運動の困難さが、教室内で問題になり始めました。ある日タミーは机に向かって座っていましたが、そのときガタンという大きな音が聞こえました。タミーのほうに目をやると、机のそばの床にいるのがわかりました。私が駆け寄って何があったのかと聞くと、タミーはただ「落ちた」と言うだけでした。タミーは前かがみになって椅子に座っていたので、もしかすると姿勢が悪いせいで椅子から落ちたのかもしれないという考えが頭に浮かびました。そしてその後、タミーの体育を担当している教師から、タミーがチームで行なうスポーツに苦労していて、絶えずたんこぶやあざだらけになって保健室に行くことになるという報告を受けるようになりました。

タミーはまた次のような問題もありました。ある日、選択授業を行なっていたとき、子どもに右と左の方向を向くよう指示しました。タミーがその授業をリードする順番になったとき、彼女は右と左がこんがらがってしまい、授業は間違ったままで終わってしまいました。

方略

●全般的な運動技能をサポートすることで、ワーキングメモリによる処理を減らす

タミーの運動障害に気づき始めてから、授業中、より彼女をサポートするようになりました。もし彼女がうつむき始めたら、正しい姿勢をとるよう彼女を励ましました。彼女が教室を歩いて

いるとき，私は彼女に目を向け，彼女が向きを変え始めたら，彼女の名前を呼んで，彼女が姿勢を正すようにしました。これによって，彼女が物にぶつかったり，けがをすることが少なくなりました。

●ワーキングメモリを支援するために，視覚的に提示する

私はタミーがどう動けばよいかをガイドするために，教室のまわりに色のついた細長いテープを配置しました。もし彼女がA地点からB地点まで移動する必要があれば，彼女はその線の上を通りさえすればよかったのです。私は彼女が歩くとき，自分の足の間にその線が来るように指示しました。このことで，彼女は机や椅子にぶつからないようコントロールできました。

私はまた，タミーに方向を知らせる次のような技を教えました。まず，両手を顔の前にもっていきます。そして，親指と人差し指だけを立たせます。このとき，あなたの左手は「L」（Leftの L）のかたちになるでしょう。私が教室で曲がる方向を指示すると，タミーは顔の前に手をもっていきどちらの方向が左かを知るために，この技を使いました。私はまた，彼女に，書くほうの手があるのが右の方向だと覚えておくようにも提案しました（彼女は右利きだったのです）。

ケース・スタディ：タッド　微細・粗大運動障害

「DSM-5」の診断基準に関連するタッドの行動：

・運動の協調性を必要とする日常生活での活動の成果が、想定を大幅に下回る

・文字を書くことが不得意

タッドは州立大学に通う20歳の若者でした。私はその大学の学生センターでチューターとして働いていました。タッドの最も大きな問題は字を書く能力でした。彼の字は汚く、自分で書いたノートの文字さえ読めないほどで、私にも読めませんでした。彼のクラスではコンピュータを使うことを認められていなかったので、講義のノートをとるのに、彼は字を書くことに頼るしかありませんでした。彼のノートの文字は非常に乱れていたので、私は一緒にそれを解読するために、彼に授業のノートを学生センターに持ってくるように伝えました。

方略

●ワーキングメモリがオーバーフローを起こさないように、気が散るものを最小限にする

私が最初に行なったのは、騒がしい学生センターから、もっと静かな図書館の学習ルームに移

動することでした。このことで、まわりの人によって彼の気が散ることなく、私に注意を払うことができたのです。

●粗大運動技能をサポートすることで、ワーキングメモリによる処理を減らす

私たちは、個々の文字に焦点をあてることで、タッドの書字スキルに取りかかりました。私はタッドにアルファベットをくり返し書いてもらい、読みやすくなるように、必ずそれぞれの文字に注意を払いました。文章をゆっくり写すことができたので、彼は文字を書く際にそれぞれの文字に集中することができました。彼はこれをくり返し、徐々に書く時間が早くなりました。

●ワーキングメモリの負荷を減らすために、学習や活動の時間を短くする

タッドとの2時間の勉強に関するセッションの間、20分ごとに短い休憩を設けました。2～5分の休憩の中で私たちはミュージックビデオを観たり彼の日常についてただ話したりしました。休憩のあと、彼はすぐにきちんと作業することができるようになり、こうした休憩をとることで全体の進行がよくなりました。タッドは字を書いたり、ノートをとることが上達してきたので、私は彼にセッション中にさらに休憩をとらせるようにしました。もし彼がもっと上達し、授業で読みやすいノートをとれるようになっていれば、私はもっと早く彼との個人指導のセッションを終えていたでしょう。

●粗大運動技能をサポートすることで、ワーキングメモリによる処理を減らす

私はタッドの姿勢に注目しました。そのことが彼の文字がとても濃く読みにくいものになっている背景の一部だと思いました。私は彼に腰を支えるための小さな枕（ランバーサポート）を持ってくるように勧めました。私は彼に枕にもたれるようにし、文字を書くとき背中を伸ばした状態を維持することに集中するよう指示しました。すると彼は文字をより薄く読みやすく書けるようになりました。

タッドの書字能力に改善がみられ始めたとき、彼の成績もまたよくなり始めました。このことは彼にとって運動障害に取り組み続けることへの、非常によいモチベーションとなりました。彼が自分の姿勢と書くことに注目したことで、彼は学生としてよりうまくやっていくようになり、それが彼の成績にも反映されたのです。

要約

1．中核的症状：ＤＣＤの子どもは微細運動および粗大運動の困難さに加え、視覚的な問題も有します。

2. ワーキングメモリの特徴：これらの子どもたちは視空間性ワーキングメモリの障害があります。ＤＣＤの子どもが視空間性ワーキングメモリに問題を有する割合は、定型発達の子どもの7倍以上でした。

3. 支援方法：授業活動での視空間性ワーキングメモリによる処理を減らすために、指示や活動を短くして、こうした子どもたちをサポートしましょう。

第6章 注意欠如・多動症（ADHD）

本章のポイント

- **WHAT** 注意欠如・多動症（ADHD）とは？
- **WHERE** 影響する脳の部位はどこか？
- **WHY** なぜワーキングメモリがADHDと関連するのか？
- **HOW** ADHDの子どものワーキングメモリをどのように支援できるか？

ジェレミーは、不機嫌です。学校に来る途中で母親と言い合いをしたばかりです。誰かがボールを運動場に持っていきました。すると、ジェレミーは、走って追いかけていき、ボールを自分に手渡すように相手に強く迫ります。しかし、待てずに、相手を押してボールを奪い取ってしまいました。彼は、校長先生の部屋に連れていかれることになりました。どうして、そんな振る舞いをしたのか尋ねられたとき、彼はこう答えました。「自分は、人と違うのは好きじゃない。でも、みんなは、僕がそうだって思ってる。僕の頭の中には、良い部分と悪い部分があって、悪い部分がいつも勝っちゃうんだ。でも、止められないの。僕はハルク［訳者注：アメリカン・コミックの主人公。ブルース・バナー博士は、怒りによって怪人ハルクへと変身する］みたいに悪くなって、いろんなものをひっくり返し始めるんだよ」。

教師によると、彼の中のハルクは教室でも現れます。ジェレミーはずっと座っておくことがむずかしく、なかなか時間内に作業を終えることができず、すぐに注意が散漫になります。彼はワーキングメモリの脆弱さゆえ、取り組むべき課題で何をすべきか見失ってしまいます。黒板に書かれている情報を読むのにも一苦労です。彼は最も早く宿題を提出する子どもの一人ではありますが、いつもミスが多く、終わっていないということもよくあります。

WHAT it is　注意欠如・多動症（ADHD）とは？

ジェレミーは、注意欠如・多動症（ADHD）と診断されるおよそ11％の子どもの中の一人です。ADHDは子どもや若者にみられる最も一般的な行動障害の一つです（CDC, 2013）。ADHDは、多動性／衝動性行動（貧乏ゆすりや途切れなく話したり、順番が待てなかったり、人の邪魔をすることを含む）と、不注意行動（学校で不注意なミスをしたり、日常的にいつも忘れ物をしたり、すぐに注意散漫となることを含む）の両方で構成されています。ＡＤＨＤの子どもは、通常、椅子に座らなければならない場面で、きちんと座り続けることが非常に困難であり、他の子どもよりもかなり活動的であるという特徴があります。また、彼らは教師の複雑な指示を覚えることがむずかしく、指示に注意を向けず、教師の説明の邪魔をするといった行動も示します。

抑制の弱さは、ＡＤＨＤの中心的な特徴です。抑制とは、不適切な行動や考え、そして発言をコントロールする能力のことです。抑制は、実行機能（executive function）と呼ばれる認知スキルと強く関連しています。実行機能は、計画、実行、そして行動をコントロールすることに役立っています。抑制がききにくい子どもは、しばしば不適切なときに、不適切なことをしたり、考えたりします。たとえば、授業で綴りのテストをしているときに、彼らは立ち上がって歩き回るかもしれません。もしくは、〝恐竜〟という単語が文中にあれば、それを書き写す代わりに、指示されたことではなく、家で見たちょっと変わった特徴をもつ「T-rex」のアニメのことについて考え始めるかもしれません。多動的もしくは衝動的な子どもは、効率よく学ぶことができない傾向があり、他の子どもの学習を妨げることもしばしばあります。

トライ：抑制

できるだけ速く、以下の単語を言ってください。

太陽　月　月　太陽　月　太陽　太陽　月　太陽　月

では、次の絵を見ながら、名前を言ってください。

ここからが、ちょっとむずかしい部分です。

それでは、これから見る単語と反対の単語を言ってください。もし「太陽」という単語が出てきたら、「月」と言ってください。また、「月」という単語が出てきたら、「太陽」と言ってください。

太陽　月　月　太陽　月　太陽　太陽　月　太陽　月

いかがでしたか？　それでは、最後です。これから見る絵と反対の単語を言ってください。

思った以上にむずかしいでしょう？　あなたは、その単語を言おうとする自動化された反応を抑制し、反対の単語を言わなければなりません。もしかすると、ストループ課題として知られる、文字を読むのではなく、文字の色を答えるタイプの課題については、ご存知かもしれません。この古典的な抑制課題では、自動化されたスキルである「読み」を抑制する必要があります。つまり、単語の内容ではなく、単語の色を言わなければいけません。

ＡＤＨＤの子どもは、また、１つの課題に対して**注意を向け続ける**（**注意の維持**）という実行機能に困難がみられます。一般的に用いられるテストは、コンピュータベースで行なわれ、子どもはコンピュータスクリーン上に一瞬だけ提示される数字を見ます。たとえば、「５」という数字が表れるごとに、参加者はスペースキーを押さなければなりません。ＡＤＨＤの子どもは、作業は早いのですが、注意に問題がみられない同年齢の子どもに比べ、より多くのミスをしてしまいます。もし、彼らがテストに参加しているようすをみなさんが見たら、すぐに、彼らが「5」の数字を見たからではなく、単に数字が出るごとに、スペースキーを押していることに気づくでしょう。教室でも同様です。彼らは自分の行動をモニターすることに問題があるため、課題の目標を見失ってしまいます。

もし、自分のクラスの子どもが課題に取り組んでいる間に、あなたが成績をつけたり計画をたてたりしたことがあるなら、ADHDがどのようなものか少しわかるかもしれません。あなたは仕事に集中しようとしますが、絶えず質問をしにくる子どもに作業を中断させられ、結果、最後まで終えることがむずかしくなることでしょう。あなたが経験した作業完了を困難にした阻害要因と同じように、ADHDの子どもは課題とは関係のない不適切な思考を抑制できずに苦しんでいます。そして、結果として遂行したい課題にネガティブな影響が出てしまうのです。

DSMと診断

ジェレミーのような子どもがADHDであるかどうかは、どのようにしたらわかるのでしょうか？　授業場面でのADHDの子どもの行動は、高い活動性、不注意、衝動性に特徴づけられます。しかし、ADHDの子どもと、元気のいい子どもの違いは、これらの特徴の程度や頻度にすぎません。ADHDのアセスメントは、生物的、心理的、社会的要因を考慮に入れます。なぜなら、

ADHDの子どもは通常、その各発達段階において顕著な社会的、学力的、心理的な困難を示すからです。

「DSM-5」の診断基準は以下を含んでいます。

・不注意（例：注意散漫）と多動的／衝動的行動（例：話しすぎる）に関する18の症状がある
・ADHDの診断を受けるには、少なくとも6つの症状が存在していなければならない
・12歳までの間に、症状が始まっている

ADHDの診断は、通常、臨床的なインタビューによって行なわれますが、注意の問題に対する早期のスクリーニングとして、教師は行動評定尺度を用いることができます。教室場面の行動に基づいた教師用評定〔原注〕としてよく用いられるものは、コナーズ教師用評定尺度（Conner's Teacher Rating Scale: CTRS）です。

〔原注〕教師がチェックリストを用いることに関して懸念される点は、ある行動によって教師の評定がゆがめられるといった、ネガティブなハロー効果が生じることです。たとえば、ある不適切な行動（教師に向けた反抗的な態度など）によって、彼らに注意の問題はなくても、教師は、彼らについて多動で不注意であると評価する可能性が高くなります。しかし、私の研究（Alloway, Elliott, & Holmes, 2010）を含め多くの研究は、注意問題の評定に関して、教師評定と標準化された認知テストの成績に非常に高い相関があり、教師が注意の問題をきわめて正確に分類できることを示しています。

WHERE it is ワーキングメモリとＡＤＨＤの脳

ＡＤＨＤがどのように脳に影響を及ぼすのか調査した研究は数多くあります。ＡＤＨＤの子どもは、通常、ワーキングメモリの中心となる前頭前皮質（prefrontal cortex: PFC）が不活発です。ＡＤＨＤではない子どもであれば、立ち上がって歩き回りたいという衝動が出てきたとき、あるいは好きなテレビ番組に考えがそれたとき、ワーキングメモリがそうした衝動や考えをおさえ、衝動を抑制するのを助けます。しかし、ＡＤＨＤの子どものワーキングメモリはたいてい、それらのコントロールをするのに十分な力をもっていません。これはおそらく、ＡＤＨＤの子どものＰＦＣの脳の容積が縮小しているからだと思われます。

同時に、運動機能のプランニングやコントロールの役割を担っている運動皮質（motor cortex）が、過度に活性化しています。これは、大きくパワフルなエンジンが車のボンネットの中についており、絶えずエンジンを回転させ、疾走させているようなものです。運動皮質がエンジンのようなもので、ＰＦＣ（ワーキングメモリ）はブレーキです。もしブレーキが正常に働かなければ、結果的にその行動は破綻をきたします。

WHY なぜワーキングメモリがADHDと関連するのか？

ここでは、12歳以降のADHDの子どもにワーキングメモリの脆弱さがどのように影響を及ぼすのかを、「DSM-5」の基準に即して議論します。「DSM-5」では、12歳未満の子どもが注意や行動の問題を示すと述べていますが、多くは、12歳までにこれらのパターンから脱却するとのエビデンスが示されています。

いくつかのADHDの特徴（たとえば不注意行動）とワーキングメモリの脆弱さは密接に関連している一方で、それらはまったく異なる問題であるということを認識しておくのも重要です。ADHDの子どものワーキングメモリは脆弱ですが、ワーキングメモリの脆弱な子どもがすべてADHDというわけではありません。また、男子は女子の4倍多くADHDと診断されていますが、これは、男子が衝動を行動化する反面、女子は空想することで内在化させているという可能性があります。

その一方で、3000人以上の子どもたちに実施した調査では、男子は女子に比べて、よりワーキングメモリの問題をもっていることが示されています（Alloway et al., 2009a）。

多動、衝動的な行動に加え、ADHDの子どもは、ワーキングメモリの問題の典型的な行動を教室で示します。教師は、これらの子どもの注意スパンは短く、注意散漫であることを報告しています。彼らはよく、今していることや、学習したことを忘れ、指示を覚えることに失敗します。そして作業を未完

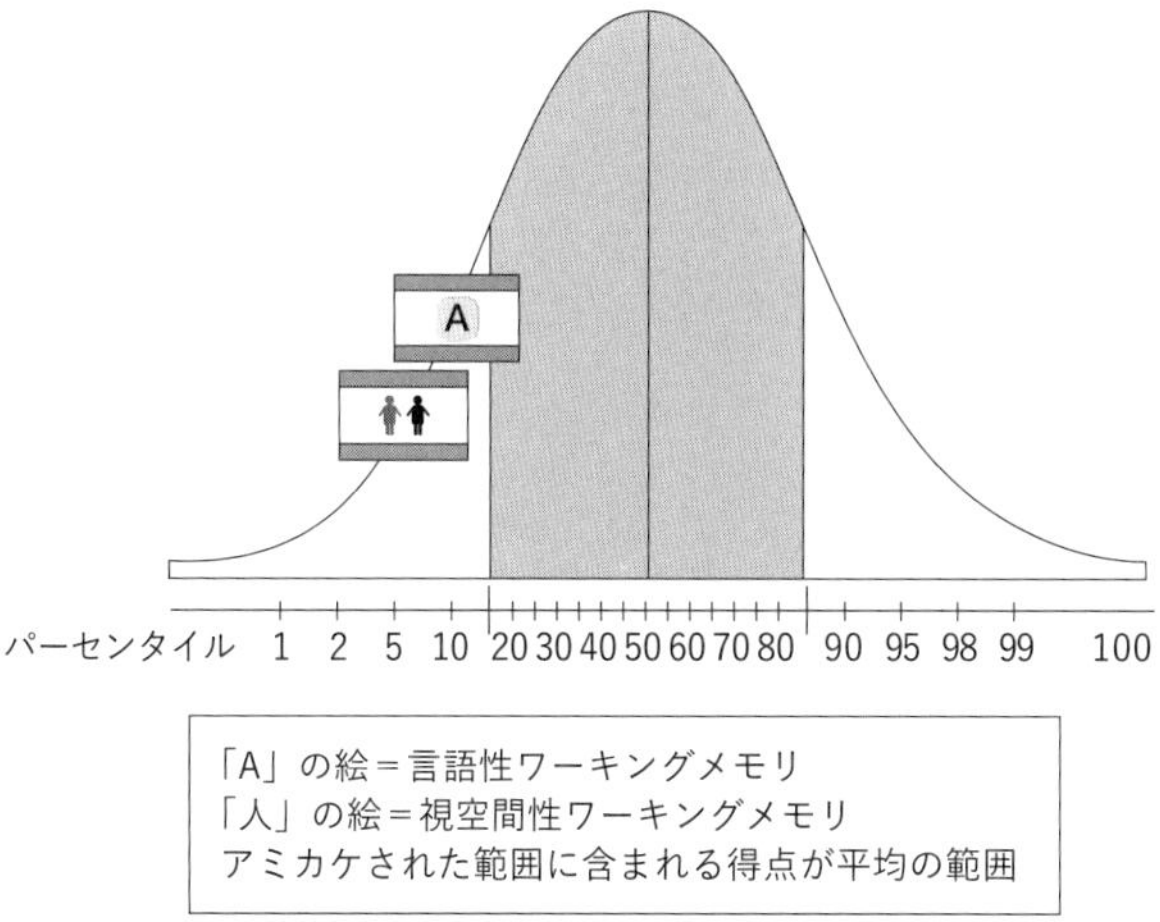

図 6-1　ADHD のワーキングメモリプロフィール

成のままにします。ワーキングメモリの脆弱さにより、彼らは教室で情報を処理することに労力を要し、結果として筆記でケアレスミスをし、そして問題を解くことがむずかしくなっていきます。

ADHDの子どもは情報を処理することに困難を示します。長い指示を覚え、複数の段階がある問題についていかなければいけないとき、もしくは、複数の課題を一度に要求されたとき、この情報処理の欠陥は顕著になります。彼らはよく、教示の最初のパートしか覚えていなかったり、自分が今問題のどこをしなければいけないのかわからなくなり、要求された活動のうち1つのみを行なったりします。

視空間性ワーキングメモリの脆弱さもまた、ADHDの子どもの特徴です。実際、これらの脆弱さは、広く認められており、視空間性ワーキングメモリの得点の低さによってＡＤＨＤの子どもと、そうでない子どもは区別することができます。ある研究では、ワーキングメモリに加え、抑制、注意の切り替え、行動のプランニングといったさまざまな実行機能についても検討を行ないました。そして、どのタイプのテストが、定型発達のグループとＡＤＨＤの子どものグループを最も適切に区別できるかを調べました。すると、すべての課題のうち、クラスでＡＤＨＤの子どもを最もうまく識別できたのは、視空間性ワーキングメモリでした（Holmes et al., 2010）。このように、視空間性ワーキングメモリの問題が、ＡＤＨＤの子どもの顕著な特徴であり、クラスでＡＤＨＤの子どもを見つけだすための補足的なアセスメントの道具として用いることができます。

ワーキングメモリと不注意

ワーキングメモリに問題がある子どもは、必ずしも多動であったり、衝動的であるわけではありません。実際、彼らの行動は、とても異なっています。マイケルを例にあげましょう。マイケルは覚えることに問題がありました。彼は、次に何をしなければならないのかといったことから、次の授業で必要となる教科書は何なのかといったことまで、単純なことを忘れました。教師はしばしば怒りましたが、マイケルは単にぼんやりしていると思うようになりました。事実、マイケルは授業であまり問題行動を示しません。彼は乱暴でもありませんし、騒々しくもありません。また、まわりのクラスメイトの邪魔をすることもしません。ジェレミーとはまったく逆です。彼はたいてい静かに座っています。ノートに落書きをしたり、窓の外を眺めたりするだけです。しかし、宿題をすることはしません。彼はすべきことを忘れ、恥ずかしがって、人に尋ねることもできません。あるいは、こう思っています。「わざわざやってみる必要なんてあるかなあ。どっちみちうまくいかないのに」。

マイケルのような子どもたちは、教師の注意を引きません。彼らはクラスの邪魔をしたり、壁に向かって飛び跳ねたりしないため、教師は彼らの問題に気づきません。教師が問題に気づいたときはすでに遅く、彼らは、授業での重大な概念を把握していないため、何をどのようにしたらよいかわからず、失敗し始めます。約1000人の子ども（男児55％）を対象にした研究では、マイケルのような、注意力の乏しさが特徴的な子どももまた、さらなる教育的サポートを必要とすることが明らかでした（Alloway, Elliott & Holmes, 2010）。私たちがそういった子どもをサポートするには、彼らのワーキングメモリの問題を示すサインに早期に気づく必要があります。彼らは、単にぼんやりしているのではなく、学習につまずいているのであり、もし彼らが十分なサポートを受けられなければ、今後の学校生活においてもつまずき続けるということを知る必要があります。

しかしながら、このような子どもは目立つ徴候が少なく、特定することは困難です。教師は、教室にいるこうした子どもにどうやって気づけばよいでしょうか。一つの方法は、直接、ワーキングメモリと関連した行動を測定することです。なぜなら、ＡＤＨＤの子どもはワーキングメモリの脆弱さに由来する症状をしばしば示すからです。教師評定によるワーキングメモリ評定尺度（ＷＭＲＳ：第2章参照）に関する研究は、ＡＤＨＤの子どものワーキングメモリの低さと関連した行動として、手を挙げるが答えを忘れる、複数のステップからなる活動でどこをすればよいかわからなくなる、作業を覚えることが困難といったことを示しています（Alloway et al., 2009b）

ワーキングメモリと天才児

天才児（gifted）はふつうの子どもよりも高い能力をもっています。彼らは早く学び、探求心をもち、興味津々で、そして複雑な概念をすぐに理解します。しかし、天才児の中には、ＡＤＨＤに一致する行動的問題をもち、ＡＤＨＤと診断される子どもがいます。こうした点を明らかにするために、全英天才児協会（the (US) National Association for Gifted Children）とともに追跡調査を行ない、ＡＤＨＤの子どもと天才児の行動パターンを比較しました。天才児は、権威的、注意散漫、学習の動機づけの低さといった特徴を示しており、ＡＤＨＤの子どもの特徴と一致していました。以下は、調査から得られた男の子のケース・スタディです。

ケース・スタディ：ジョセフ

ジョセフは13歳で、はきはきしていました。彼は頻繁に質問し、議論をしたがるので、彼への検査はいつもより長く時間がかかりました。母親によると、彼は興味のあること（多くの場合、学校の授業とは関係がありません）を、何時間もかけて調べるとのことでした。これらの天才的な特徴にもかかわらず、コナーズ評定尺度を用いると、教師は彼の行動をＡＤＨＤに相当すると評価します。彼の学習意欲について彼の母親に尋ねてみると、彼は、学校生活や学習全般について無関心で否定的であると述べていました。

ジョセフのような子どもたちは、天才でありながらも、ＡＤＨＤであると診断されています。私たちはこうした子どもたちを「二重に特別である」と呼んでいます。この意味するところは、知的には優れているものの、彼らが示す行動によってＡＤＨＤのような学習困難があると診断されてしまうということです。天才児が問題行動を示すということに、すべての研究者が同意しているわけではありませんが、学習のカリキュラムが彼らのニーズに合っておらず、すばらしい能力をもった多くの子どもたちが、適切な水準の教育を受けられていないと示唆しています。

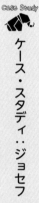

ある研究は、天才児がＡＤＨＤの子どもと同様に、敵対的で多動的な行動をもつことを示しました。興味深いことに、両方のグループのＩＱの得点は、非常に類似していました。しかし、彼らの学業成績は大きく異なっていたのです。なぜでしょうか？　彼らのワーキングメモリ得点をさらによくみてみると、ワーキングメモリのプロフィールはかなり異なっていました。予想通り、天才児は卓越したワーキングメモリをもっており、それが高い学業成績と関連していました。対照的に、ＡＤＨＤの子どものワーキングメモリの低さは、学業成績の低さと関連していました（Alloway & Elsworth, 2012; Alloway et al., 2014）。

そして、天才児の否定的な行動パターンが、彼らのワーキングメモリの成績や学業成績に否定的な影響を及ぼさないというのは、興味深いことです。ＡＤＨＤの子どもと対照的に、天才児の示す敵対的で多動的な行動パターンは、教室での欲求不満からきているのかもしれません。環境刺激が減るとき認知刺激の不足を補填するために、自己刺激として多動的な行動が増えます。言い換えると、彼らの能力は、学校の作業に必要とする認知能力より優れています。つまり、彼らは退屈しているがゆえに問題行動をとるのです。

彼らの一番の欲求不満は、学習カリキュラムが彼らのニーズに合っておらず、賢い子どもが、自分のレベルに合っていない教育を受けているということです。加えて、一般的な学習カリキュラムは天才児にとって不必要です。というのも、天才児は多くのスキルを習得するために、通常のくり返し学習を必要としません。たとえばある調査によると、天才児は学習カリキュラムを60％ほど減らしても、通常カリキュラムを必要とする同学年の子どもと同じ学習レベル、あるいはそれを超えてしまうことが明らかになりました（Reiss et al., 1993）。つまり、これは、あなたのクラスにおいて、問題行動を起こすものの成績がよい子どもには、休憩よりもより多くの課題を与えるほうが、彼らの行動を改善するかもしれないということを意味します。

成人のワーキングメモリとＡＤＨＤ

ＡＤＨＤは持続的な欠如であり、年齢を重ねて克服できるものではありません。ある父親は次のように語っています。

「ブライアンは、あなたが研究でこれまで明らかにしてきたことをそのまま表したような子どもです。17歳の彼は、ＡＤＨＤです。あなたが、論文で述べられているのとまったく同じように、授業の内容を学習したり、記憶したりするといった能力がありません。彼は本を読み、情報を記憶することができないため、自分のことを頭が悪いと感じているようです。宿題は大丈夫ですが、最終試験は惨憺たるものでした。ほとんどの教科にわたって、こまかい内容を覚える能力はまったくありません。」

持続的なADHDは、大学での成績だけでなく、将来の就職の見通しにも影響を与えます。ADHDの成人は、職場で辛い時間を過ごしたり、雇用期間が短かったり、盗みや治安を乱す行為（disorderly conduct）を含む反社会的な行動を、頻繁に行なうことが研究で示されています（Alloway et al., 2013）。ワーキングメモリの脆弱さも持続し、そのことが成人のADHDにおける否定的な将来につながることの説明になるかもしれません。彼らは誤った考えや衝動的な行動を、ワーキングメモリを使ってコントロールすることができないため、不適切な行動をとってしまい、仕事の課題に集中することができません。

HOW ワーキングメモリを支援する方略

ここでは2つのタイプの方略を論じます。一つはADHDの子どもに適用できる**一般的なワーキングメモリ方略**であり、もう一つはADHDの子どもに**特化したワーキングメモリ方略**です。クラス内の子どもの実態に応じて、適宜変更しながら活用してください。

一般的な方略

■**ワーキングメモリの負荷を減らすために、指示を短くする：**第1章で、各年齢グループがワーキングメモリに保持できる情報量の平均を示しました。ADHDの子どもとかかわるときは、このことを心にとめておいてください。その子どもの年齢の平均容量から始めて、ADHDの子どもにはその平均よりも1つか2つほど少ない情報を与え、処理負荷を減らしましょう。

・8歳以下の子どもには、1~2つの手順を与える
・8歳から10歳の子どもには、2~3つの手順を与える
・11歳から13歳の子どもには、3~4つの手順を与える

ワーキングメモリの負荷を減らすために、学習や活動の時間を短くする：活動の真ん中で休憩を挟むことで、ADHDの子どもは指示に従いやすくなります。長い時間よりも、5分から10分間、定期的に集中して行なうほうがよいやり方です。たとえば、20分間の本読みを子どもに求める場合、ADHDの子どもには、8分間の本読みをするようにうながしましょう。そして、3分程度の休憩を挟み、残りの部分を読むように求めます。

心理学者は、私たちのものごとの覚え方を「U字」に喩えます。まず、リストの初めの項目については、よく覚えることができます。それは何度もリハーサルする機会があるからです。また、リストの最後の項目についても、よく覚えることができます。それは、たった今聞いたばかりだからです。しかし、リストの真ん中の情報（Uの字のくぼみ）については、よく忘れてしまいます。多くの人は、リストの真ん中で聞いたことは覚えにくいとわかっていますが、ADHDの子どもには、それがとりわけむずかしいのです。彼らは、課題に注意を維持しながら、教師が話している情報を処理するためにワー

キングメモリをうまく使えず、情報を失ってしまいます。

■ワーキングメモリを補強するために、情報を不定期にくり返す：私たちは、情報をリハーサルすると、それを覚えやすくなります。しかし、情報のリハーサルの仕方が大事です。毎週きまった時間よりも、「不定期に」情報をリハーサルするのことが最も効果的です。また、試験のための復習をするときは、時どきテストをすると記憶が強化されます。

抜き打ちテストもよい方法です。フィードバックが与えられなくても、自分で教科書を復習するよりも、子どもは情報を覚えます。教材について考えることは、授業内容についてより深く理解し、参加することをうながします。

特化した方略

■視覚的タイマーを使う：ADHDの子どもは時間を追うことや、自分のスケジュールに従っていくことがむずかしいため、はっきりとめだつように時間を示しましょう。

■頻繁に、または不定期にごほうびを与える：もしみなさんが代用貨幣システム（トークンシステム）を使い、ADHDの子どもにごほうびを与えようとするならば、それを頻繁に、または不定期に与えましょう。こういった子どもたちは、「遅延報酬」にむずかしさがあるのです。つまり、彼らは大きな報酬を後から与えられるよりも、小さな報酬を、今、受け取るほうがよいのです。

■環境の符号化：子どもには、ワーキングメモリを支えるために、環境的手がかりを利用するよう教えましょう。まず、覚えようとしていた情報を学んだとき、どこにいたか考えるようにうながしましょう。そのとき、どんな椅子に座っていましたか。お気に入りのシャツを着ていましたか。どんな音楽を聴いていましたか。何時頃でしたか。こういった物理的な環境の手がかりが、ワーキングメモリを働かせるきっかけとなり、授業中の活動がとてもむずかしくなったときに、その活動を投げだしてしまうことを防ぎます。

■体を使う：これまでの研究で、身体的な活動を伴う学習ほど、情報を思い出しやすくなることが明らかになっています。学習中身体を動かす活動を取り入れることで、ＡＤＨＤの子どもが情報を容易に思い出せるようにしましょう。たとえば、もし授業でエジプト人がどのようにピラミッドを建設したのかといったことを学習しているのであれば、引っ張りあげる動作で、重い石を傾斜にそって引き上げる方法を記憶させたり、押し出す動作で、正しい場所に石を押し込める方法を記憶させましょう。

多くのものごとは、文の構造のように、それと関連した明確な動きを伴うとは限らないので、子どもの活動は必ずしも学習する内容と一致している必要はありません。はっきりとした動きが少ない授業に関しては、授業の最初のほうでジャンプをして、そして腕を組み、足を組むといったこともできます。重要なことは、彼らが情報を動きと結びつけるのを手助けすることです。彼らが情報を思い出す必要があるときに、想起するきっかけとして、その動きをさせてください。

サイエンス・フラッシュ

脳の再配線?

バイオフィードバックとして一般に知られる神経フィードバックは、脳波計(EEG: Electroencephalography)を使って、今、脳がいかに機能しているのかといったリアルタイムの情報を提示する方法です。目的は、ADHDの子どもがより多くのベータ波を生み出し、(ベータ波は、後に集中的な行為を導きます)、シータ波を抑制する(シータ波は、不注意に関係します)ことをうながしていくことにあります。通常、ADHDの子どもは、注意を要する課題に取り組む際、ベータ波ではなくシータ波を発します。神経フィードバックは、ベータ波を増大させ、シータ波の脳内の発生を抑制するよう訓練する方法です。参加者に脳波のパターンをすぐにフィードバックとして提示することで、彼らがこうした調整を行なっていけるよう学習していきます。結果、彼らは、認知能力ならびに注意に改善を示します。

神経フィードバックは、てんかん患者にはうまくいっています。しかし、ADHD者にまで、それを行なっていくことに関しては、いくつか問題があります。一つに、ADHD者を対象とした神経フィードバックの研究で、ポジティブな成果を報告している研究はありますが、サンプルサイズが少ない、統制群を設定していない、評定者が実験の参加者情報を知っているなどの理由から、信頼性が低いとされています。別の問題は、それらの研究に参加した人の多くが、ＡＤＨＤの診断を受けていないという点です。２つ目に、参加者の50％にしか効果がないらしいことです。それにもかかわらず、子どもは相当数の訓練を受けなければいけません。最後は、子どもの脳波パターンを操作することに何ら悪影響はないのか否かが明らかになっていない点です。神経フィードバックは、薬物治療に代わる有望な選択肢であるとしても、今後、ＡＤＨＤの子どもに対するこの治療の効果については、さらなる研究が必要です。

Case Study

ケース・スタディ：ステファン　複合型ＡＤＨＤプロフィール

「ＤＳＭ-５」に関連するステファンの行動：

・直接話しかけているときに、聞いていないように見えることがよくある
・日常生活の中で忘れっぽい
・不適切な状況のときに走り回ったり登ったりすることがよくある
・質問が終わる前にうっかり答えを言ってしまうことがよくある

・他人の邪魔をしたり割り込むことがよくある（例：会話やゲームに口を挟む）

ステファンは10歳です。学校での活動にいつも苦心していました。教室で彼はよく物思いにふけっていました。彼が教室のおもちゃ箱から車をこっそり持ち出すのを、私はよく見かけました。授業中、車をひざや机の上で走り回らせることで彼の頭の中はいっぱいでした。私が質問に答えるように声をかけると、彼はたいてい、私が質問を言い終わる前に答えました。授業で課題が出されたとき、彼は何をすればよいのか忘れていました。私はもう一度指示を出すのですが、彼は注意を向けていませんでした。

彼は社会的関係にも問題を抱えていました。休憩時間には、他の子どもに腹を立てて、列の前まで押しのけていくことがありました。運動場では、木に登り、絶えず走り回り、教師が止まるように言っても、聞き入れませんでした。彼は立ち止まると、次に他の子どもの活動に押しかけていき、かくれんぼの最中に鬼が見つける前にみんなを見つけて、邪魔をすることがよくありました。この行動によって、ステファンはクラスメイトと口論になることが多く、クラスメイトは彼を仲間に入れることを避けるようになりました。

方略

●ワーキングメモリがオーバーフローを起こさないように、気が散るものを最小限にする私は、ステファンを、気が散るものが少ない教室の前の席に移動させました。また、指示を与えるときにはいつでも、彼にアイコンタクトを送り続けました。こうしたことにより、ステファンは衝動的な行動を抑制するためにワーキングメモリを働かせる必要はなくなります。

●ワーキングメモリの負荷を減らすために、指示を短くする

ステファンは教室で指示を聞くことにも問題があるため、私は彼に短い質問をしたり、彼が活動を最後までやり遂げた場合には言葉で褒めたりしました。もし彼が活動を中断してしまったり、答えを間違えたときには、彼が正しく答えられるまで質問を単純に言い換えました。

●ワーキングメモリによる処理を減らすために、情報を分割する

私は彼に単純な質問をしました。たとえば「バスケットにりんごが3つあります。そのうちの2つを食べました。何個残っていますか」。そして、私は彼に歩み寄り、彼が手順を理解できるように、質問を段階的に伝えました。これは、クラス全体にとっても効果的であり、より詳細な説明は、他の子どもにとっても、情報を保持するのに役立っていました。

●ワーキングメモリを補強するために、情報をくり返す

私はステファンを励まし、彼が確実に集中でき、私に質問をできるようにしました。同時に、

彼が言葉にすることをうながし、情報を理解できるようにしました。

●ワーキングメモリの負荷を減らすために、学習時間を短くする

ステファンが授業についてくるのを簡単にするために、私は彼に授業の活動の間、頻繁に休憩をとることをうながしました。立ちあがってストレッチをし、エネルギーを発散させるようにしました。これは彼の「くねくねした動き」を止め、休憩後に授業の課題に集中することを可能にしました。

●不定期な報酬

私は、休憩時間に短い活動を取り入れました。ステファンは他の子どもと一緒に短い活動をすることを選べば、それを最後までする必要がありました。もし彼がそのグループにいるなら、クラス全体で遊ぶ時間を不定期に設けました。もし彼がそのグループを離れるなら、彼は休憩が終わるまで私の隣にいなければなりませんでした。

時間がたつにつれ、彼は衝動性をコントロールできるようになり、毎日一緒に遊ぶ友だちができました。忍耐と持続的な強化によって、ステファンは1年で劇的に改善しました。彼はより冷静になり、テストでよい成績をとるようになりました。

ケース・スタディ：スーザン　多動行動

「DSM-5」に関連するスーザンの行動：

・手や足でコツコツたたいてそわそわしたり、椅子に座っていらだっている
・着席すべき場面で、席を立つことがよくある
・しゃべりすぎることがよくある
・自分の順番を待つのがむずかしいことがよくある
・静かに遊んだり、娯楽活動に参加できないことがよくある
・モーターにつき動かされているかのように、動くことが多くある

スーザンは14歳です。学校で数多くの問題行動を示し、しばしばタイムアウト［訳者注］が校長室で結末をむかえていました。スーザンが初めて私のクラスに来たとき、彼女があまり好かれていないことに驚

［訳者注］学校や家庭で悪いことをした子どもを反省させるために、自分の部屋に閉じこもらせ（または、椅子に座らせて）、数分間黙らせておくこと。

きました。彼女は他の社交的な子どもと似たような特性をもっていました。彼女は外向的でよく会話をしましたが、しばしば興奮して大きな声で話しました。読書の時間には、30分の間一人で読むことが求められます。30分の一人の読書の間、子どもたちは、ビーズクッション、椅子、カーペットの上など、場所を選ぶことができ、その選んだ場所で静かに読書します。しかし、彼女は最初は椅子に座っていても、すぐにビーズクッションに移動し、最後にはカーペットに移動します。10分以上同じ場所にいたとしても、まるで居心地が悪いかのようにひざは揺れており、椅子の中で絶えず動き回っていました。こうした彼女の行動はまわりの子どもたちの気をそらせてしまっていました。

読書の時間には、それぞれの子どもが教科書の中で読む場所を割り振られます。スーザンはよく他の人の順番のときに読み始め、自分の読むべき場所を見失います。オーディオから流れる音声を聞くときには、彼女は周囲の子どもにしょっちゅう話しかけていました。結果、彼女はその本が終わるまで教室の外に出されました。彼女はその物語についてなじむことができず、オーディオによるリスニング課題ができませんでした。

彼女はまた、50分の読書のクラスの間に何度もトイレ休憩をとっていました。しかし、私は彼女がトイレではなく、教室の外で座っている姿を何度も見つけました。こうした問題行動の結果、彼女の成績は低く、特に読みにおいてそれは顕著でした。

方略

●ワーキングメモリの負荷を減らすために、活動を減らす

私はまず、スーザンの読むべきページ数を減らすことから始めました。彼女がその指定された箇所を読み終えるごとに、毎回、声をかけ、褒めました。

●ワーキングメモリがオーバーフローを起こさないように、気が散るものを最小限にする

読書の時間に座ることのできる場所を制限しました。たとえば、最初の週は彼女に3回だけ移動することを許可し、そして2回、1回と減らしました。最終的には、一度も動かないようにしました。この方略によって、彼女は最終的に静かな読書の時間中に、一つの場所にとどまることがより楽に感じるようになりました。

●頻繁に称賛する

読書の時間に、私が要求した以上の時間、スーザンが読書をしたときには、彼女に追加で単位をあげることにしました。彼女の成績はとても低かったため、彼女が座って読書をするのによい動機づけとなりました。

●ワーキングメモリの負荷を減らすために、活動時間を短くする

リスニングの授業時間、10分ごとに話を止め、何が話の中で起きているのかを話し合う時間を設けました。私はスーザンに質問をし、活動に直接参加できるようにしました。これは、彼女が他の子どもに話しかける代わりに、課題に意識を向け続けることの助けになりました。

●ワーキングメモリを支援するために、視覚的に提示する

読みの授業時間、私は誰がどの本のパートを担当しているのか黒板に書きました。これにより、スーザンは授業についていくことができるようになりました。スーザンの読む順番になったとき、うながされることなしに彼女は読み始めることができました。

●複雑な活動では、自分がどこまでやったかを示し続ける

他の子どもが本を読んでいるとき、彼女に本のどこを読んでいるのか教えるため、削っていない鉛筆を使って読んでいる部分をなぞる方法を教えました。これにより、彼女のワーキングメモリは、どこを読んでいるのか探すのではなく、文章の内容を理解することに使うことができます。

●ワーキングメモリがオーバーフローを起こさないように、気が散るものを最小限にする

彼女が教室の中でずっと座れるようにするために、1回の授業につきトイレ休憩は1回しか行

けないと制限しました。また、バディ制度を取り入れ、彼女がトイレに行くのにつきそい、まっすぐ帰ってこられるようにしました。数か月後、スーザンは本についていくことができるようになり、読みの授業時間には一人で読み、読みのテストではよい成績を残しました。

Case Study

ケース・スタディ：デビッド　不注意行動

「DSM-5」に関連するデビッドの行動：

・細部へ注意を向けることができず、学校での課題、仕事、それに伴う活動においてケアレスミスをしてしまうことがよくある
・課題や活動に注意を保持し続けることがむずかしいことがよくある
・指示に従わず、学校での課題、雑用、もしくは仕事場での任務を終わらせることができないことがよくある（例：集中力がなくなったり、脱線する）
・長時間の精神的努力を要する課題を避けたり、嫌ったり、気が進まないことがよくある（例：学校での課題や宿題）
・気が散りやすい

・日常活動において忘れっぽい

たいていの11歳の男の子は、教室という環境で、ある程度の時間、注意を持続させることができます。しかし、デビッドは典型的な11歳の男の子ではありませんでした。クラス内の彼の成績は、体育以外はきわめて低いものでした。彼は指示に従うこと、自分の課題を終わらせることにむずかしさがありました。毎朝、私たちは新しい内容を学習する前には、前日の学習を振り返っていました。子どもたちは、それからノートを取り出して、今までやってきたことについて書き出します。しかし、デビッドは机につく前に、ノートを取り出すことを忘れてしまいます。彼はよく家にノートを忘れてきました。そこで、私は教室の自分の棚にノートを置いてもいいことにしました。それでもデビッドは、授業のときに、自分の机にノートを持ってくるのを忘れ、彼が書き始めるまで、クラスメイトは待たなければなりませんでした。

しばしばデビッドは課題を終わらせることができず、その代わりに私と議論をしたがりました。こうしたことが起こるのは、私が数学の課題を子どもに与えたときでした。私が授業を進めている間、彼は鉛筆で手遊びをしたり、机に鉛筆を転がしたり、別の方向を見ていることに、私は気づきました。授業を振り返ってワークシートを埋めなければならないとき、彼は授業に注意を向けていなかったので、どのようにすればよいのかわかりませんでした。

彼は課題に取り組む代わりに、しばしばワークシートにいたずら書きをしていました。時どき、子どもたちは複数のワークシートに取り組まなければなりませんでしたが、私は次の作業に移る前に前の作業をすべて終わらせるようにと言いました。デビッドは、1枚目のワークシートに取り組むことすら困難であり、それらはすべて落書きでいっぱいでした。

彼はまた、指示に従いませんでした。たとえば、彼が数学のワークシートをしているとき、彼が正しい手順を踏めるように、私は各問題の手順を見せるように彼に指示しました。デビッドはその時間に50％正しい答えを出しましたが、自分の作業を見せなかったので、私は彼の間違いを正すことができませんでした。

方略

●ワーキングメモリを支援するために、視覚的に提示する

デビッドが注意を向けるように、授業で、写真、ビデオ、ホワイトボードを用い始めました。

●ワーキングメモリがオーバーフローを起こさないように、気が散るものを最小限にする

教室の前に置いていた写真や図版をすべて取り去ることで、教室の前の刺激は私が提示したものだけになりました。デビッドは授業によく反応し、さらに注意を向けるようになりました。

●複雑な活動では、自分がどこまでやったかを示し続ける

鉛筆の手遊びを減らすため、ノートをとる紙は穴うめ式のワークシート形式にしました。たとえば、スライドに「重要な点は、空欄の正しいところに1つ記入すること」と示し、ワークシートには「重要な点は、＿＿＿＿＿」と示します。この活動によって、デビッドは容易に授業についていけるようになり、知識もよく吸収できるようになりました。

●ワーキングメモリによる処理を減らすために、説明を細かくする

算数の時間に私は、デビッドの隣に座り、問題をスモールステップに細分化しました。たとえば、直角三角形の斜辺の長さを扱う問題の際に、私は彼が問題を視覚化できるように三角形を紙に描きました。「辺A＝5、辺B＝10。辺Cはなんでしょう?」と一つひとつ手順を踏み、問題に取り組むことで、彼は正しい解答を出せるようになりました。

●ワーキングメモリの負荷を減らすために、活動を短くする

一度に1枚だけワークシートを渡しました。彼がそのワークシートを完成したら、次のワークシートを渡すようにしました。もし彼がすべてのワークシートを終えていなければ、彼はそれらを宿題にしなければならず、彼は授業のポイントを見失ってしまいます。何週間か経って、デビッドは活動に集中できるようになり、授業のポイントを見失わずに課題を完成できるようになりました。

要約

1. 中核的症状：ＡＤＨＤの子どもは、行動を抑制することに困難がみられます。学校で行動と感情をコントロールすることがむずかしいため、その特徴が顕著に表れます。
2. ワーキングメモリの特徴：これらの子どもたちの言語性・視空間性ワーキングメモリの両方に脆弱さがありますが、視空間性ワーキングメモリが特に低い傾向があります。
3. 支援方法：授業活動でのワーキングメモリによる処理を減らすために、指示や活動を短くして、こうした子どもたちをサポートしましょう。

第7章 自閉スペクトラム症（ＡＳＤ）

本章のポイント

- WHAT　自閉スペクトラム症（ＡＳＤ）とは？
- WHERE　影響する脳の部位はどこか？
- WHY　なぜワーキングメモリがＡＳＤと関連するのか？
- HOW　ＡＳＤの子どものワーキングメモリをどのように支援できるか？

「でも、恐竜はずっと昔に死んだよ」。マークは、観察を開始して1分以内に、3度同じ言葉をくり返しました。クラスでは、白亜紀を探検するためにタイムトラベルした少年が、どんなものを見たかという議論をしていました。しかしマークは、人間が生きている恐竜を見ることができるとは想像できません。理科のキム先生は、新しい情報をつけ加えたり、創造的な方法でなじみのある情報を活用してはみましたが、マークはなかなか納得せず、フラストレーションを感じていました。特に、授業中に太陽系を再現しなければならないようなグループ活動のとき、クラスメイトは彼の行動に当惑しました。皆が地球を描いた後に火星を描こうとしたとき、マークは、地球の絵の中の南米大陸が小さすぎることに不平を言い出しました。

社会的な場面においても、マークは遊び場と教室の微妙な違いの切り替えに困難がありました。たとえば、マークは時どき、ブランコの上で友だちの注意を引くために手を挙げましたが、友だちが彼に気がつかないときなどは、怒り出しました。また、教室内で彼が発言したいことがあったときなどは、まるで教室の外にいるかのように大声で叫んでいました。マークは、状況に応じて柔軟に考えることが苦手でしたが、それは、学習成績にも表れていました。彼は、数学のような絶対的で不変な法則（36の平方根は常に6）にはとても秀でていましたが、文学のような抽象的で説明が困難な文章に対処しなければならない場合、非常に困難な時間を過ごしました。

WHAT it is

自閉スペクトラム症（ＡＳＤ）とは？

ＡＳＤは、社会的および感情的な手がかりに対して、適切に認識し、反応することの困難さが特徴であり、結果として社会的相互作用に関する問題を引き起こします。ＡＳＤは臨床的なプロフィールの連続体（スペクトラム）の障害と想定されています。ある人は、成長し通常の生活を送ることができ、仲間と区別することができないほどですが、ある人は、買い物に行ったり働いたりといった単純な日常的活動でさえも継続的な支援を要します。

トライ：心の理論

心の理論は、自己認識の感覚と、他の人が異なる感覚や認識をもっていることを理解する能力のことを言います。ＡＳＤの人は、しばしば心の理論に欠けています。**サリーとアン課題**は、心の理論を測定する心理学的なテストです。

あなたはクラスの子どもにそれを試すことができます。2つの人形を持ってきて、それらに「サリー」と「アン」と名づけます。そして、子どもに、サリーが部屋の中にあるバスケットに、ビー玉を入れ、そのまま去っていくところを見せます。そして、アンは、サリーをからかおうと思い、バスケットの中のビー玉を、箱に移してしまったと伝えます。さて、サリーが部屋の中に戻ってきたとき、サリーは、ビー玉のありかとしてどこを探すか子どもに尋ねてみましょう。

彼らの反応は、他者の視点に気づいているかどうかを表します。もし子どもが、サリーは箱ではなくバスケットの中のビー玉を探すということに気づけば、その子はサリーの視点を身につけたといえます。

彼らの反応は年齢によって異なります。ほとんどの4歳児以下の子どもは、サリーは箱の中を見ると答えるでしょう。5歳までには、多くの子どもはサリーの視点を身につけ、この課題をパスできるようになります。しかしながら、ASD者の大多数は、十代でさえもこの課題を間違うことがあります（Happe, 1995）。

ASDに伴う社会的困難に加えて、彼らの認知的能力の障害も深刻です。時に、授業の最も簡単な活動でも、彼らにとってはむずかしい場合もあります。しかし、ASDの子どもたちの中には、他の人が苦労するような課題において、めざましい能力を発揮する子もいます。マークのように、平均的な知能を有する子どもたちは、平均的な学業成果を達成することが期待されます。しかし、ASDのために、ふつうの活動をすることが困難です。ＡＳＤの子どもたちは、高機能から低機能にいたる連続線上（スペクトラム）で特定されます。ＩＱは、ある子どもが、スペクトラムのどこにいるのかを決定するうえで、重要な役割を担っています。高機能の子どもは高いＩＱ（ＩＱが70以上）を有し、低機能の子どもはＩＱが低く（ＩＱが70以下）、重度の知的障害を有する個人と同じレベルにあります。しかし、ＩＱがすべてを語るわけではありません。本章では、パズルの中の失われてしまったピース、すなわち、ワーキングメモリについてみていきます。このワーキングメモリは、ＩＱと成績の間の不一致を説明してくれます。

コミュニケーションの困難さは、教室の中で最もはっきりと表れます。少数のケースですが、低機能のＡＳＤ児は、非言語的と分類され、彼らは要求を表現することができません。このタイプの子どもは、フラストレーションを行動で表します。たとえば、本や鉛筆を床に放り投げます。なぜなら、彼らはグループでの作業が嫌いだということを表す言葉をもっていないからです。また、エコラリアといった特徴を示します。そこでは、気持ちを表すとか、クラスの質問に答えるなど文脈とは関係なく、聞いた短いフレーズを、何度も口に出します。イギリスにある全英自閉症協会で働くアリスは、ある少年が「きかんしゃトーマスと仲間たち」のセリフを用いて、自分が怒っているということを伝える方法を教えてくれました。――「トーマスは、その日はついていませんでした。ヘンリーは線路にいました」。ＡＳＤの子どもたちは、家庭生活で用いるフレーズをくり返して、授業にかかわろうとするかもしれません。たとえば、彼らは、科学の授業中に好きな漫画のシーンを話し始めるかもしれません。彼らの言うことは授業とは関連性がないかもしれませんが、その活動にふさわしい言葉を見つけようとしているのです。

言語の理解については、高機能児がよく示す特徴なのですが、字義通りに解釈します。たとえば、「廊下を走ってはいけません」と言われると、ゆっくり歩くのではなく、完全に動くのをやめてしまいます。

ＡＳＤの子どもは、社会的相互作用に特徴があるといわれています。彼らは、社会の中で生きていくための明確なルールを必要とし、しばしばそうしたルールが破られた際、柔軟な理解を示しません。たとえば、パーソナルスペースの概念は文脈によって変わる可能性があるので、非常に混み合ったバスの中では、他人のすぐそばに立っても大丈夫ですが、空いたバスの中ではそうではないことを理解できません。全英自閉症協会のアリスは、ＡＳＤの子どもの社会的障害を、通行中、倒木を前にしてしまった車になぞらえます。定型発達の子どもは、四輪駆動車のようです。彼らは目的地に向かってその木を迂回することができるでしょう。ＡＳＤの子どもは、まるで軽自動車です。彼らは木のところで立ち止まって動けなくなってしまいます。なぜなら、迂回する方法がわからないからです。誰かがやってきて、その木を道路からどけてくれるまで、彼らは待たなければいけません。

学校という状況は、道の上に沢山の木が倒れているようなものです――複雑な状況に対して、暗黙的で、創造的な反応を必要とする社会的出会いの場――ＡＳＤの子どもは、しばしばそれらを回避する社会的なスキルが備わっていません。

DSMと診断

自閉スペクトラム症（ASD）に含まれる症状

・社会的・感情的相互作用の欠損（例：会話を始められない、興味を共有できない）

・社会的相互作用に用いられる非言語コミュニケーション行動の欠損（アイコンタクトがとれない、身体の感覚異常）

・対人関係を発展させ、維持し、理解することの困難

また、これらの子どもたちは、行動、関心、活動が限定されており、同じパターンをくり返します（例：玩具を一列に並べる、物をひっくり返す、ルーティン活動への柔軟性の欠けた固執、特定の音や触感への嫌悪反応）。アスペルガー症候群は「DSM-5」からASDの診断に統合されました。

ASDについては、早ければ2、3歳の時点で、さまざまな医療従事者が確実に診断を行なうことができます。小児科医は、気になる子どもの両親への診断的なインタビューに加えて、準構造的なインタビューを行ないます。彼らはまた、運動能力、目-手の共応性、ふり遊び、関連

するスキルといった発達指標が、基準を満たしているか否かといったことについても確かめます。スピーチセラピストも、彼らの言語スキルが、同学年の子どもたちから遅れていないかどうかを見いだします。一般に用いられる道具は、自閉スペクトラム症観察検査（Autism Diagnostic Observation Schedule: ADOS）です。ADOSは、コミュニケーション、社会的相互作用、遊びの中のスキルのアセスメントを行ないます。ADOSのアセスメントは、数多くのセッションを通して行なわれるため、臨床医は、さまざまな場面で子どもを観察する機会を得ます。病歴や家族歴も、認知、行動的、言語的なアセスメントを補足するものとして求められます。

WHERE it is

ワーキングメモリとＡＳＤの脳

ＡＳＤ児の脳は、ＡＳＤのない子どもとは異なった発達をします。最近の研究では、ワーキングメモリが内在する前頭前皮質(prefrontal cortex: PFC) は、ＡＳＤが最も影響を受ける脳領域の一つであることがわかっています。第一の結果は、ＡＳＤ児の前頭前野はより多くのニューロン量を有しており、最大で67％も多いことを示しています。ニューロンが過剰に成長してしまうことについて一つの有力な説明は、ニューロンの発達を制御する遺伝子が過活動であり、結果としてより大きな脳容積を生じるということです。これがＡＳＤ的な行動といかに関係しているかは現時点では不明ですが、異常な前頭前野とＡＳＤをリンクするものに、彼らの行動と直結するワーキングメモリがあるかもしれません（Courchesne & Pierce., 2005）。

ＡＳＤの子どもは、情報を記憶して処理するように求められたとき、前頭前野の活性化が少ないということが示されています。この活性化が少ないというパターンは、課題の性質に関係なくみられています。一つの実験では、文字を処理するように求められ、別の実験では形、別の実験では面が処理されるよう求められました。すべての例において、結果は同じでした。ＡＳＤの子どもの前頭前野の活性化は、ＡＳＤがない子どもたちのそれに比べて低いものでした。顔を用いた研究では、ＡＳＤの子どもは、社会的関係の視点ではなく、物体のように顔の特徴を分析する傾向があり、その傾向は社会的なニュアンスを解釈することの問題に関連する可能性があるかもしれません（Koshino et al., 2005, 2008）。

さらに、ＡＳＤの子どもが2つの課題を提示され、一方の課題には気をそらし、もう一方の課題だけに集中することが求められた場合、実際の脳の活動は、より重要な情報に注意を移せないことを示しました（Luna et al., 2002）。彼らは、どんな情報が重要であるかを判断するのがむずかしいのです。教室では、ＡＳＤの子どもの中には、記憶に重点を置いた活動に苦労する子どもがいるかもしれません。しかし、こうした記憶の苦手さは、ワーキングメモリの欠損そのものではなく、何に注目したらよいかわからないことと関連しているかもしれません。

WHY なぜワーキングメモリがASDと関連するのか？

ASDの子どものワーキングメモリのプロフィールは、その子どもが低機能ASDであるか高機能ASDであるかによって変わります。高機能のASDの子どもは平均以上の言語性ワーキングメモリを有し、低機能のASDの子どもは特定の言語障害のある子どもと同水準のワーキングメモリのパフォーマンスを示します。一般的に低機能のASDの子どもは、同年代の定型発達の子どもたちよりワーキングメモリが脆弱です（図7-1）。

しかし、高機能のASDの子どもでも言語性ワーキングメモリに問題があることがあります。彼ら

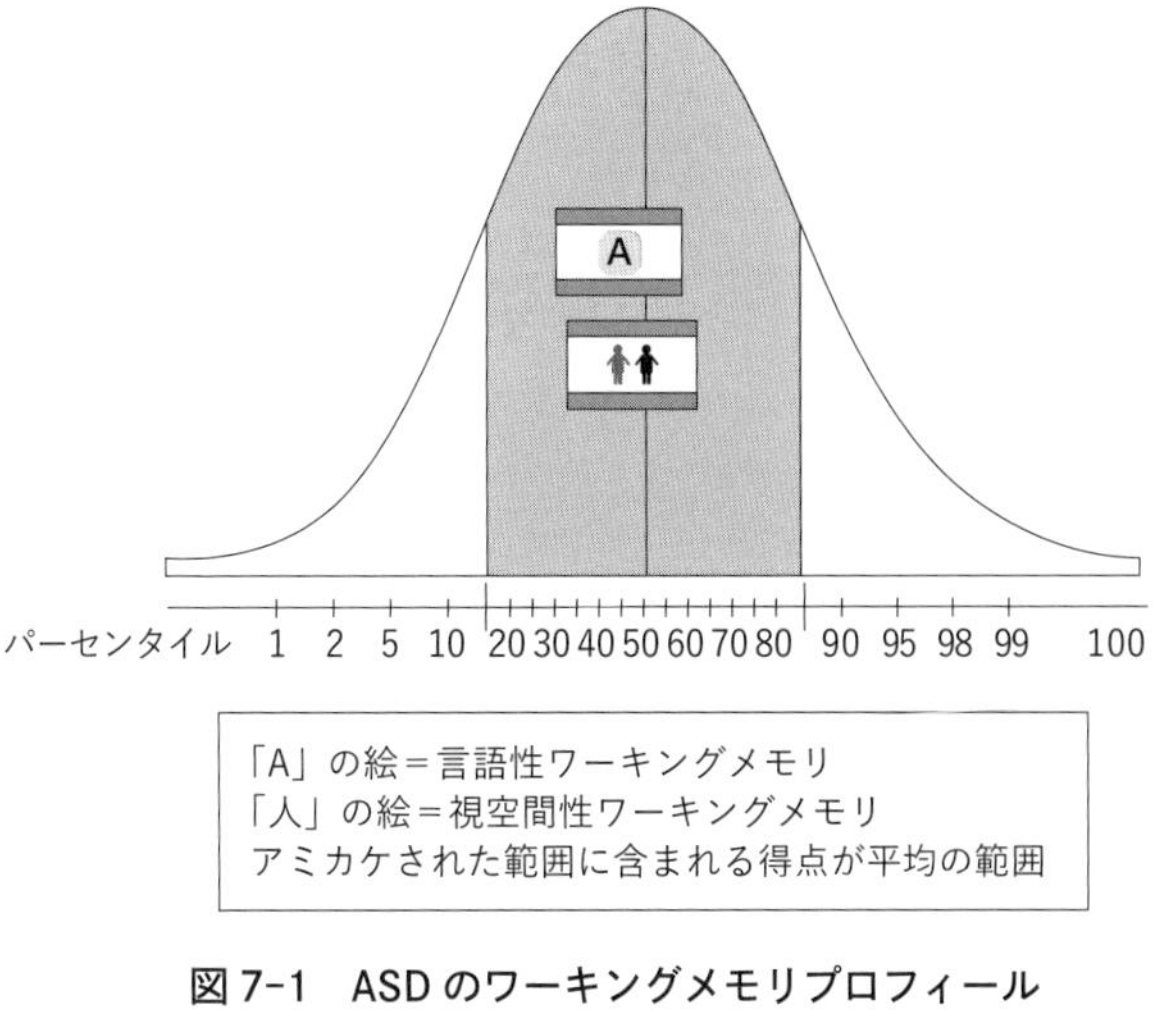

図7-1 ASDのワーキングメモリプロフィール

が覚えるよう求められた題材に、彼らのワーキングメモリの特徴を知る手がかりがあります（Alloway et al., 2009)。彼らは特に、非単語や新しい語彙などの抽象的な情報を覚えるのが困難です。なぜでしょう？　一つの説明は以下のようなものです。彼らが抽象的な言語情報を提示されるとき、処理と記憶の両方をしなければならないのですが、課題を理解するのに時間がかかってしまい、彼らはすべきことを忘れてしまうのです。たとえば、言語性ワーキングメモリのテストであるリスニングスパンテスト（第1章のトライを参照）を行なっているとき、ＡＳＤの14歳、ダニエルには次の文章が提示されました。「犬はギターを演奏する」。ダニエルは、このことを長い時間考え、そして、「もしかしたら、そう訓練できるかもしれない」ので、最後に正しいと判断しました。回答を考えるのにとても長い時間をかけてしまったため、文中の覚えるべき単語は忘れてしまいました。(Alloway et al., 2009)。

　彼らが情報を覚える際に用いる方略が、ワーキングメモリに過度の負荷をかけてしまうからです。高機能のＡＳＤの子どもは、情報を記憶するとき、長期記憶、視空間的方略、そして文脈的な手がかりでさえ用いないことを示しています。その代わりに、彼らは何度も何度もリハーサル方略を用いるのです。これは、短い系列情報を覚えるのにはうまくいきますが、結局時間がかかってしまい、単に頭の中でくり返し続けるという方略は非効率的です。こうした子どもたちは、自分たちの記憶の問題に気づいています。アリスターは、高機能ＡＳＤの13歳ですが、数字の逆唱課題で失敗し始めたとき、「頭の中が数字でいっぱいになった」とコメントしていました。

さて、彼らの視空間性ワーキングメモリプロフィールについてみてみましょう。ＡＳＤの子どものほとんどにこの領域の問題はみられません。ＡＷＭＡ（Automated Working Memory Assessment：第２章参照）のドットマトリックス課題をみてみましょう。この課題では、ドットがマトリックス上にランダムに現れ、提示された位置を逆の順番に再生することが求められます。他の研究と同様に私自身の研究でも、高機能ＡＳＤ児の課題成績は、定型発達の同年齢の子どもと同程度であることを認めています。つまり、授業場面で、視覚的に提示された情報を覚えることに彼らは問題を抱えていないことを意味しています。彼らの問題は、話している教師を見ることと黒板に書いてある情報を見ることの切り替え時に生じます。その結果、彼らは視覚的に提示されていても、その授業内容を覚えることができません。

ワーキングメモリとサヴァン

サヴァンの子どもたちのワーキングメモリは、どのようになっているのでしょうか？　ＡＳＤサヴァンの子どもたちは、年齢以上の優れた能力を示すことがありますが、単純な日常の課題については困難を示します。ある教師は、私にある12歳の男の子の話をしてくれました。彼は、17歳用の算数や理科の試験問題を解くために、校長室を訪れるのが大好きです。しかし、一人で服を着ることができません。こうした能力は、彼らのＩＱから期待されるよりずっと高く、ある場合には、その領域のエキスパートの能力も超えてしまうほどです。彼らの特別な能力は、音楽、リストの記憶、3次元の描画、読み（読字過剰）、カレンダー、暗算などで認められます（サイエンス・フラッシュ参照）。

彼らのワーキングメモリは、彼らの非常に優れた能力をどのように反映しているのでしょうか？　それはワーキングメモリの課題次第と言わざるを得ません。もし、ワーキングメモリ課題が彼らの得意とする領域に関連するものであるならば、特別な能力をもたないASDよりも上回ります。たとえば、カレンダー・サヴァンの人については、数字に関するワーキングメモリ課題の成績は、特別な能力をもたないASDよりも高い得点を得ます。しかし、数字ではなくて形を使ったワーキングメモリ課題では、サヴァンの人は特別な能力をもたないASDの人たちと似たような能力をみせます。

ASDサヴァンは、膨大な知識ベースを構築し、そうした知識ベースを使って、彼らが得意とする領域のワーキングメモリの成績を上げることができます。ある場合には、1つの領域の熟達化やトレーニングが別の領域の成績を高める場合があります。たとえば、特異な暦計算能力と特異な計算能力を示すサヴァンは、無意味語を用いる記憶テストで驚くべき成績を上げることができます。彼らは抽象的な題材（日にちや数字）を覚えるスキルを、関連領域に当てはめることができます。

サイエンス・フラッシュ

レインマン効果

ＡＳＤサヴァンは、一般には記憶に関連して特別な能力をもつＡＳＤ者のことをさします。たとえば、ほんの１、２分見ただけで、場面や場所を正確に再現した絵を描くことができます。また、ある人は、頭の中で複雑な数学的作業を行ない、１８６９年の2月25日が何曜日であるのかといったことを言い当てるといった驚くべき能力があります（カレンダーの計算）。ＡＳＤサヴァンの子どもは、他の子どもたちはなぐり書きをしているのに、３次元の絵を描いていました。また、ある者は、実物の絵を見ることなしに、大人でもむずかしいような、ジグソーパズルを完成させることができます。特異な記憶によって、ふつうの大人がわかるまでには何年もかかりそうな、ものごとの中に隠されたパターンを認識することができます。

何らかのねじれによって、彼らの脳の一部（左脳にある、言語領域の情報の処理を担う部分）がダメージを受けているため、ＡＳＤサヴァンは、そのような特別な能力をもっているのです。このダメージのため、学習のむずかしさや日常的な活動の困難さが引き起こされます。このダメージに対処するため、右脳領域が働き、その結果、五感の一つに「スポットライト」が当たるのです。たとえば、もし聞くことにスポットライトが当たった場合、ＡＳＤサヴァンは、優れた音楽的スキルをもつことになります。

私たちの中に、「レインマン」〔訳者注：ダスティン・ホフマン演じるＡＳＤの男性を主人公とした映画〕はいるでしょうか？　科学者は、特別な技術を使って、健康な成人の脳のある部分を一時的に使えないようにしました。するとボランティアとして参加した人は、歴史上の日にちから曜日を当てたり、精巧な絵を描いたりといったＡＳＤサヴァンと似た優れたスキルを示しました。

HOW ワーキングメモリを支援する方略

ここでは2つのタイプの方略を説明します。一つはＡＳＤの子どもに適用できる**一般的なワーキングメモリ方略**であり、もう一つはＡＳＤの子どもに**特化したワーキングメモリ方略**です。クラス内の子どもの実態に応じて、適宜変更しながら活用してください。

一般的な方略

■ワーキングメモリによる処理を減らすために、情報を分割する：ＡＳＤの子どもは同時並行で複数の課題を遂行すること（ノートをとりながら、授業を聞く）にむずかしさがあります。なぜなら、一つの課題から別の課題へ注意を移動させることに努力を要するため、ワーキメモリに負荷がかかりすぎてしまうのです。結果、2つの課題を正確に終わらせることができません。授業では一度に1つの課題を与えましょう（例：講義に耳を傾けたあと、学習した内容をノートに書く）。

■活動中のワーキングメモリによる処理を減らす：

授業のタイプも、ASDの子どもが情報の処理と記憶を同時に求められることに対応できるかどうかに影響します。彼らは、正誤の答えがはっきりしない抽象的な概念やトピックを含む課題を行なうことや、自分の意見をどこで表明しなければいけないかを見分けることが苦手です。ある親が、ASDの10歳の息子ブローディについて次のように述べています。「彼は、AがなぜBになるかを理解してはじめて、それを受け入れるようになります。このことは、より自動的かつ機能的に情報を読み取っていくためのワーキングメモリのスペースはもはや残されていないということになります」。

可能な限り、ASDの子どもには、構造的で、ルールに基づいた学習を与えるようにしましょう。ある理科の教師がジョセフについてのエピソードを語りました。「クローン技術がもつ裏の意味は何か？」といった倫理的なテーマについて討論を行なおうとしたとき、ジョセフは拒否しました。そこで、その教師は、ジョセフをそうした討論から外し、代わりにクローン技術のプロセスについて短いエッセイを書かせました。これによって、彼は、課題の明確な構造が得られ、しかもクローン技術についても学ぶことができたのです。

■ワーキングメモリがオーバーフローを起こさないように、気が散るものを最小限にする：ＡＳＤの子どもは、ある身体的な刺激に対し嫌悪的な反応をしたり、光、音、熱といった異なる感覚に圧倒されたりすることがあります。これは、ワーキングメモリの問題とは直接に関連していませんが、これらのことが、彼らの感覚に過度な負荷をかける引き金となり、ワーキングメモリを用いて、新しい情報を取り入れることを困難にしています。そのため、教室環境について、毎日ほんの数分程度の短いチェックが、ＡＳＤの子どもにとって大きな違いをもたらします。まずは、照明を確認しましょう。明るさは十分ですか？　窓や明かりを取り入れる場所が、ポスターや図表などによって、覆われていませんか？あなたのクラスに、明るさに過敏な子どもがいれば、窓から離して座らせるように配慮しましょう。

音もまたＡＳＤの子どもにとって考慮すべきことです。ＡＳＤの子どもの座る場所について考えましょう。窓のそばに近いですか？　彼らが座っているクラスの後ろのほうは、うるさすぎはしませんか？　イギリス在住の教師マルコムは、個別学習の間、ＡＳＤの子どもはヘッドフォンを使ってもよいとしました。するとその子の行動は劇的に改善しました。フラストレーションを行動で示すことがそれほどなくなり、すばやく活動を終えることができました。

ＡＳＤの子どもはすぐに気が散ります。気晴らしに固執する傾向があり、気晴らしにワーキングメモリを使ってしまいます。まずは、教室から彼らにとって気になるようなものを取り除きましょう。

太陽光で動くモービルの位置が低すぎたり、彼の机のそばにあったりしませんか？　教室は散らかっていませんか？　彼らが、自習用の静かな場所を見つけることはできますか？

特化した方略

■ワーキングメモリがオーバーフローを起こさないように、物理的な刺激を最小限にする：ＡＳＤの子どもは、肌に触れる特定の物質に過敏に反応してしまうことで、教室で落ち着くことができないかもしれません。そのような場合は、教室では靴を脱がせたり、椅子用のクッションを用意してあげましょう。こうしたシンプルな取り組みが、実りある環境を生み出し、ＡＳＤの子どもがワーキングメモリを効果的に使えるようになります。

■ルーティン化する：ＡＳＤの子どもは規則的で構造的なことを好みます。私たちもトイレットペーパーがどのように置かれているかや、コーヒーにミルクと砂糖のどちらを最初に注ぐかについて、多少のこだわりはありますが、ＡＳＤの子どもはこうした構造がいつも通りでないと、何もできなくなってしまいます。彼らは教室の物がいつもの場所になかったり、でたらめに置かれていたりすると、すぐに動揺してしまいます。教室の中が構造化されている場合、彼らのワーキングメモリと注意は、今行なっている作業に集中することができます。

■新しい情報を彼らの興味関心と結びつける：恐竜や太陽系についてなど、その子どもの興味や長けている部分を利用し、学習をうながしましょう。たとえば、子どもがトラクターについて詳しかったら、なかなか覚えられない文字について、トラクターの部品に似ていないかどうか尋ねてみましょう。そうしたつながりを自分で見つけていく能力を伸ばしていきましょう。このプロセスは、新しい情報を長期記憶へとすばやく移行させるのに役立ちます。子どもは自分の既有知識を働かせながら、ワーキングメモリを使うことができ、以前は学習するのが困難だった文字を使って書くことができるようになります。

論点：テクノロジーは、ＡＳＤの子どもの意欲を引き出すか、悪影響を与えるか？

ここ数年、新しいテクノロジーが次つぎと出てきています。コンピュータからスマートフォンまで、すべてのものが使いやすくて効果的に進化しています。この使いやすさを活かして、多くの治療者や行動療法家は、クリニックや教室でテクノロジーを活用しています。タブレットは、ＡＳＤ者のコミュニティで最も一般的に用いられている道具です。タブレットは、小さく、多様な使い方ができ、持ち運びやすく、子どもが学習する際にも複雑ではありません。最近急速に使われるようになって以来、多くの治療者や保護者が、ＡＳＤの子どもがタブレットを利用することについて、その利益とコストに関心を示しています。利益とコストに関する議論を次に整理します。

●**利益**：ほとんどのタブレットは、子どもたちの言語・視覚・触覚の能力をサポートするアプリケーション（一般にアプリといわれます）を提供します。これらのアプリケーションの中には、子どもたちが読み書きする学習の手助けとなるものや、想像的な遊びをやりやすくしてくれるものもあります。現在、タブレットを利用している子どもの保護者は、子どもたちがそうした領域の学習を熱心にするようになったことを喜んでいます。

●**コスト**：最初のコストは値段の高さです。これらのデバイスは、800USドル程度か、あるいはそれ以上です。値段の高さに加えて、子どもが適切な管理下になければ、無駄な道具となってしまいます。つまり、子どもを過度の刺激にさらす危険性があります。タブレットは通常の社会的相互作用を取り上げてしまい、すでに社会的な能力が遅れている子どもの発達を阻害するかもしれません。ある子どもはタブレットに固執するかもしれません。そして、完全にそのタブレットに依存して成長するかもしれません。

こうしたコストは利益を上回るのでしょうか。それは、子どもによってニーズが違うため、答えはさまざまです。もし子どもが視覚優位の学習者であれば、他の活動にあわせて用いるにはとてもすばらしいオプションとなります。もし子どもが運動障害や自傷・他害行為があるならば、彼らが使えず、時に壊してしまう道具を与えるのは得策とはいえないでしょう。つまり、過度の使用や依存を防ぐための適切な指導がなければ、どのような道具でも学習を補うものにはならないということです。

Case Study

ケース・スタディ：トミー　低機能ＡＳＤ

「ＤＳＭ-５」に関連するトミーの行動：

・社会的-感情的相互作用の欠損
・社会的相互作用に用いられる非言語的コミュニケーションの欠損
・感覚に対する過剰反応や鈍麻反応、または環境の感覚面における異常な関心

15歳のトミーは、重度の低機能ＡＳＤです。彼は、ＡＳＤの子どもたちのために設立された支援学校に通っています。彼のクラスは、５人のＡＳＤの子ども、教師、カウンセラーからなります。私は毎朝数時間トミーと一緒に作業をします。彼の言語スキルは乏しく、私たちの会話は典型的な一方通行でした。たとえば、私が彼に週末どのように過ごしたか尋ねると、彼は代わりに彼の兄につ

いて話しました。私が会話を週末の話に戻そうとしたときでさえ，彼は私のことを聞いていないかのように，家族について話し続けました。

彼は，時どき，短時間に複雑な作業をするよう求められました。たとえば，朝，複数の文を筆記体で簡潔に写します。その一つの活動として，彼の住所である「1324 Drury Lane, Argleton, Massachusetts」をノートに5回書かなければなりませんでした。その活動は彼にはとてもむずかしく，困ったようすを示していました。

トミーが教室でうまく活動ができたら，報酬としてマジックテープのボードの上に動物を貼りつけることができました。しかし，トミーは頻繁にボード上の動物に気が散って，課題をやりとげるよりも，授業中ずっと動物を眺めていました。

方略

●ルーティン化する

私は，トミーのために毎日同じことをするスケジュールを作りました。これにより，彼は毎日取り組むべきことを予測できるようになりました。毎朝，会話で始まり，次に文を書くことで住所を学習し，それから残りの学習活動を行ないます。

●ワーキングメモリによる処理を減らすために、情報を分割する

文を写すために、最初に、私は彼の家の番地である「1324」を教えました。彼が正確にこの番号を書きとめることができるようになり、記憶を頼りにくり返すことができるようになると、私たちは次の住所である「Drury Lane」に移りました。この方法を用いて、私は住所情報の次の2つの部分をくり返しました。つまり、彼の街は「Argleton」であり、州は「Massachusetts」だということです。この彼の住所を全部写す代わりに、私は「あなたの家の番地は何ですか?」と言って、彼に覚えるようにうながしました。その月の終わりまでには、私がうながすことなく、彼は自分の住所を暗唱できるようになりました。

●ワーキングメモリがオーバーフローを起こさないように、気が散るものを最小限にする

トミーの机まわりのすべての絵や写真を取り除いたところ、彼は気を散らすことがなくなりました。そして、朝の会話の間、私が彼の真正面に座るようになってから、トミーは私の話に集中できるようになりました。また、彼がマジックテープのボードの上の動物に関心があるように思えたので、朝の会話のテーマにしました。すると、彼は、その動物の話について私と会話ができるようになりました。

Case Study

ケース・スタディ：ジェフリー　低機能ASD

「DSM-5」に関連するジェフリーの行動：

・社会的―感情的相互作用の欠損
・社会的相互作用に用いられる非言語的コミュニケーションの欠損
・対人関係の発展、維持、理解の欠如
・ステレオタイプ的、または反復的な運動やスピーチ
・興味関心が非常に限定的で固定され、その強さや集中が異常である

12歳のジェフリーは、ASDです。ジェフリーの最も特徴的な問題は、コミュニケーションでした。彼はまったく喋りません。私が直接話しかけたとき、彼は言葉を発せず、私が言ったことをまったく認識していませんでした。その代わり、彼は宙を見つめておびえていました。校外社会見学のとき、私は彼が両手でズボンを覆っていることに気づきました。私は駆け寄り、彼にトイレを使う必要があるかどうか尋ねました。絶望的な表情で、彼はうなずき、私たちはトイレに走りました。

ジェフリーは何かの影響で興奮したとき、手と腕を振ります。授業で博物館に行ったとき、彼はバタバタしながら走り回り、数秒以上展示物の前でとまることはありませんでした。彼は展示物よ

りも博物館の照明のスイッチに興味を示しました。学校の休み時間、ジェフリーはｉＰａｄを与えられました。彼の同級生がみんなでおもちゃを組み立たり、話をしている間、彼はｉＰａｄでゲームをし、完璧にそれに夢中になっていました。彼はクラスに友だちはいませんし、いやいやながらクラスメイトとコミュニケーションをとっていました。

方略

●ワーキングメモリによる処理を減らすために、説明を細かくする

ジェフリーが必要としていることを細分化して、私は彼のコミュニケーション技術を高めようとしました。私は、ジェフリーにシンプルな質問をすることから始めました。「洗面所に行きたいですか?」。彼が頷いたとき、「はい」と答えなければいけませんとジェフリーに教えました。数回試してみると、彼は「はい」と言うことができるようになり、数週間後には、「洗面所を使っていいですか?　お願いします」と言うことができました。

●物理的な刺激を最小限にする

ジェフリーは興奮したときはいつでも、手を激しく振りました。この行動が出たとき、彼に心を落ち着けるために静かな時間をもつことを求めました。さらに、彼が腕をバタバタさせたくなったとき、腕を背中に回しておくようにうながしました。これは、彼が過度に興奮することを抑制する手助けになり、くり返すことで、彼は腕を振る時間が短くなり、頻度も少なくなりました。

●ワーキングメモリがオーバーフローを起こさないように、気が散るものを最小限にする

なぜジェフリーが時どきクスクス笑うのか尋ねると、その理由は「僕は知らない」から「そのポスターがおかしい（彼のそばの壁に貼られていたものに言及していました）」まで色々でした。彼のまわりの気が散るものを取り除くと、彼は集中できるようになりましたが、依然として学習へのうながしは必要でした。

時間をかけ友人関係を作っていけると、ジェフリーは考えを言葉にすることができるようになり、手をばたつかせる衝動を抑えることができるようになりました。

Case Study

ケース・スタディ：サラ　高機能ＡＳＤ

「DSM-5」に関連するサラの行動：

・ステレオタイプ的、または反復的な運動やスピーチ

・興味関心が非常に限定的で固定され，その強さや集中が異常である

18歳のサラは，高機能のＡＳＤです。クラスの他の生徒とは違って，彼女は一人で勉強することができました。私は，単語の綴りの課題を彼女と一緒にしていたとき，彼女の能力に初めて気がつきました。彼女は単語の綴りのリストを覚えていたとき，彼女の町を通過するすべての列車を列挙し始めました。彼女の列車への執着は，しばしば彼女が授業の課題をやり遂げる邪魔になりました。彼女はすべての電車会社，貨物輸送機関の名前を列挙し，特定の列車が特定の日時にどのようなルートをとったかを教えてくれました。

彼女の記憶に関する印象的な他の特徴は，スタートレックのエピソードとそれが放送された日を列挙する能力でした。残念なことに，これらのことを覚えている彼女の驚くべき能力は，彼女が教室で学んでいたものには応用することができませんでした。彼女の限定された興味関心は，教室で他の話題に関心を向けることを阻害しました。彼女の言語能力は優れていましたが，ほとんどの会話は彼女がいつも考えていることであり，列車やスタートレックに関する話題がないと，ふつうに会話することができませんでした。たとえば，私が彼女の犬について話し始めたとき，彼女は代わりにスタートレックの新しい映画について話してくれました。

サラは，単語の綴りのような記憶に基づいた課題ではよくできましたが，数学の能力は，クラスの他の低機能ＡＳＤの子どものようでした。彼女は複雑で多音節からなる単語は綴ることができま

したが、「23＋47」のような複雑な計算は、手助けがないとできませんでした。

彼女は優れた記憶能力をもっているにもかかわらず、しばしば単語テスト時に気が散り、結果、うまくいきませんでした。彼女はテスト中、机を見つめているだけで、鉛筆は机の上にあり、無意味な音を立てていました。彼女は単語を綴ることは得意であったので私は驚きました。彼女にそれについて尋ねると、彼女は手助けなしで書き始める方法を知らなかったと言いました。

方略

●興味のある情報とつなげる

私は、サラが関心のある話題と新しい情報をつなげることから始めました。たとえば、算数の課題で「23＋47は何ですか？」と質問するとき、私は「ある列車に23個の貨物コンテナがあるとします。ＣＳＸ（電車会社）が新たに47個増やしました。その列車には何個の貨物コンテナがありますか？」と聞きました。そのお話の列車の部分は、彼女の関心を引くところであり、彼女が質問に注意を向け続けることを容易にしました。私はまた、彼女が単語の問題を解くとき、自分自身で関連づけるようにうながしました。

●ワーキングメモリによる処理を減らすために、情報を分割する

サラが算数の問題で悩んでいたとき、私は（23＋47）の問題を細分化しました。つまり、「23＋

7はなんですか?」、そして「30＋40は何ですか?」。彼女はすぐに、私の手助けなしで、複数桁の算数の問題が解けるようになりました。

●ワーキングメモリがオーバーフローを起こさないように、気が散るものを最小限にする

サラは列車とスタートレックにとても関心が向き、作業しているときにしばしば気が散ることがありました。私は、サラの関心を肯定的な強化刺激に活用することにしました。彼女が課題を持続してできたとき、私は報酬として10分間列車とスタートレックについて話してもよいことにしました。

こうしたことをくり返すうちに、彼女は一人で課題をやり遂げることができるようになり、成績もよくなりました。彼女はまた、日常の会話ができるようになり、頻繁に騒音を立てることなく、また、気が逸れることなく、授業の課題に集中できるようになりました。

要約

1．学習の困難さ：ＡＳＤの子どもには、コミュニケーション、想像力、社会的スキルの

３つの障害があります。

2. ワーキングメモリの特徴：高機能ＡＳＤの子どものワーキングメモリは平均的です。低機能ＡＳＤの子どもは言語性ワーキングメモリに問題があり、これが、言語とコミュニケーションに大きな影響を及ぼします。

3. 支援方法：一度に与える課題を１つにしたり、活動をシンプルにしましょう。注意をそらすものや物理的に過度な刺激を最小限に抑えましょう。そうすることで、教室の環境にではなく、授業の活動そのものにワーキングメモリを向けることができます。

第8章

不安症群（Anxiety disorders）

本章のポイント

- WHAT 不安症群（Anxiety disorders）とは？
- WHERE 影響する脳の部位はどこか？
- WHY なぜワーキングメモリが不安と関連するのか？
- HOW 不安を抱える子どものワーキングメモリをどのように支援できるか？

10歳のニコルは、毎朝小学校で車から降ろされると、母親の車から教室へと真っ直ぐに向かいます。ニコルは宿題やテストのための小さなノートをずっと持っています。たいていの子どもは、何かを覚える際に思い出しやすくする手がかりを作りますが、彼女は必要なことすべてを覚えることを好みます。彼女はすべての宿題を時間通りに、しばしばそれよりも早くに終わらせます。

テストのある週、ニコルは神経質になり、放課後、他の友だちは親の迎えを待ちながら外で遊んでいる一方、彼女は図書館で勉強しています。テスト当日、ニコルはさらに神経質になり、どの授業の休み時間もテストのための勉強をして過ごしています。彼女は教師がクラスで授業をしている間でさえ勉強をしています。ニコルのテストの成績はクラスの中で最も高く、すべての宿題や活動において一番の評価を得ています。

WHAT it is 不安症群（Anxiety disorders）とは？

彼女は自分自身を駆り立てすぎていると思う人もいるでしょうが、ニコルの不安は健康なレベルにあります。彼女の不安は、勉強への準備状態（レディネス）を維持することにあり、その結果、平均より高い成績をとることができています。不安のレベルには連続性があります。一方で、ニコルのように、個人の日常の課題の成功を助けるような健康的な不安があり、他方で、不健康な状態や不安症群があります。通常のストレスをもつ子どもと不安症群の子どもの閾値は、その不安が日常の活動に与える影響度によって、ある程度決まってきます。ニコルはストレスに対して高い閾値をもっており、彼女の不安は学業成績を向上させていました。しかし、不安症群の子どもにとっては、しばしばそうではありません。不安症群の子どもは、日常生活と同様に、授業でも課題に集中することがかなりむずかしいのです。不安はそういった子どもを圧倒し、結果として、子どもは一度に複数の情報を覚えることに苦心します。

Case Study

ケース・スタディ：マイク

14歳のマイクは高校1年生ですが、どの授業もうまくいっていません。彼は授業中とても静かで、何もない空間をぼんやり見つめて過ごしていました。テストの日には、授業時間が終わるまでトイレに隠れて授業を休みました。そして、彼はテストを欠席して以来、学校でうまくいかず、よりストレスを感じるようになりました。

理科の授業で、マイクは原子についてポスター発表をしなければなりませんでした。彼が話す番になったとき、彼は教室の後ろの生徒集団が笑っていることに気づきました。彼らは携帯電話で写真を見ていたのですが、マイクは彼らが自分を笑っていると思ってしまい、発表の途中で部屋から逃げ出しました。

マイクは、課題遂行不安（performance anxiety）という、学校での課題遂行にネガティブな影響を与えるほどの不健康なレベルの不安をもっている人の一例です。彼は悪循環にはまっていました。彼はテストや授業のプロジェクトを避けたため、成績も低くなりました。それによってさらにストレスを感じ、その後、テストを受けることとさえ避けるようになりました。ニコルとは異なり、マイクは不安に対する閾値が低く、成績にネガティブな影響を与えています。

心配（worry）は、不安症群の基本的な特徴です。心配とは、心和むことがなく、気にかかる問題に執着するといった特徴があります。過度の心配は、人の思考プロセスに負荷を与えますが、そうした状態を「注意バイアス」と呼びます。注意バイアスとは、くり返し心に浮かぶ考えに注意が向きやすい状態です。心配とは、とても侵入的な考えなので、個人の認知活動の中心になりやすく、他の重要な情報に心配が取って代わってしまいます。不安はワーキングメモリに打撃を与えます。つまり、複雑な情報を一度に処理することをむずかしくするのです。たとえば、不安の高い子どもは、分数のかけ算の解き方を教えられたとき、新しくてむずかしい課題を学ぶことを心配するあまり、授業が終わったあとに問題を解くことができないかもしれません。授業の間ずっと、彼らは過剰に心配をして、学習に集中することができないのです。

トライ：心配

１００から３ずつ引き算をしていってください。１００、97、94、91、88、……というように。あなたがこの課題をやっている間、次の算数の問題を解いてください。頭の中だけで解いてみてください。もしできなければ、ペンと紙を使ってもよいです。

$$\begin{array}{r} 985 \\ +437 \\ \hline \end{array} \qquad \begin{array}{r} 461 \\ -378 \\ \hline \end{array}$$

あなたが3ずつ数えている間、心的容量（mental capacity）の大部分を使っています。与えられた問題を解かなければならないとき、3ずつ引き算せずに算数の問題を解いているときよりも、余分な努力をしなければなりません。この活動は、不安がどれほどワーキングメモリを圧迫し、他の状態では簡単に解決できるような活動であっても、それを解決することを妨げるかを示しています。

トライの課題は、不安症群の子どもが日々経験しているワーキングメモリの負荷に似ています。彼らはいつも、「今日お母さんは迎えに来るだろうか?」「もしこのテストを受けたら、私は失敗するだろう。失敗して、みんなが私をからかうだろう」「この勉強はむずかしすぎるので、絶対に学ぶことはできないだろう」というような侵入的な考えに悩まされています。そうした気にかかる考えによって、子どもは授業に全集中を向けることができません。

DSMと診断

私たちは、マイクのような子どもにおいて、困難を引き起こしているのが不安症群かどうかをいかにして判断することができるでしょうか? そして、マイクとニコルの不安の違いをいかにして見分けることができるのでしょうか? 「DSM-5」によると、全般性不安症と診断されるには、社会場面、仕事場面、またはその他の重要な場面において、著しい症状があると認められる必要があります。

マイクのような人は、以下のうち少なくとも1つが当てはまるでしょう。

1. 焦燥感、もしくは緊張やイライラ
2. 疲れやすさ

3．集中しにくさ、もしくは頭が真っ白になる
4．怒りっぽさ
5．筋緊張
6．睡眠障害（眠りについたり、寝続けたりすることのむずかしさ、落ち着きのなさ、満足できない睡眠）

不安症群の子どもは、課題に取り組むことや他者から評価されることに、頻繁にストレスを感じます。また彼らは、完璧主義で、従順すぎる面があり、作業をやり直す傾向があります。また、課題の遂行時の承認欲求の強さも、手がかりの一つとなります。

マイクのような人が全般性不安症として診断されるには、症状が広範囲にわたり、苦痛を感じていて、長期間その不安が持続し、刺激がなくても不安が生じているといった状態である必要があります。この症状をもつ人の多くは、人生にわたり不安を示し、その不安が完全に緩和する割合はとても低いです。

子ども用多面的不安尺度2版（The Multidimensional Anxiety Scale for Children: MASC-2）は、50項目からなる質問紙であり、本人かその親が回答します。この尺度は、8〜19歳までの広範囲にわたる不安症群を測ることができます。もっと年上の人（17〜80歳）には、21項目の自己評定

尺度（Beck Anxiety Inventory: BAI）があります。

WHERE it is　ワーキングメモリと脳の中の不安

不安症群の人々を対象とした脳画像研究では、ワーキングメモリのある前頭前皮質（prefrontal cortex: PFC）が、不安による影響を受けることを報告しています（Vytal et al., 2013）。不安は重度の認知的負荷を引き起こし、個人のワーキングメモリを損ない、ワーキングメモリの効率的な働きを妨げます。子どもたちは新しいトピックについて学ぶために必要なワーキングメモリの容量をもっていますが、彼らが不安を感じているときには、ワーキングメモリの容量が最小になり、授業に注意を払うのに努力が必要になります。

不安が学習に与える影響を理解するために、以下の事例が役立ちます。あなたがとても辛いものを食べるとき、唐辛子のカプサイシンが舌にある痛覚受容体に結びつき、痛みを引き起こします。カプサイシンが取り除かれたあとでさえ、熱と痛みは持続し、他の食べ物は風味豊かになりません。同様のプロセスが、心的な不安があるときに起こります。それはＰＦＣに残り、新しい情報の効果的な処理や記憶を弱めてしまいます。

サイエンス・フラッシュ

脳は本当に変わるのか？

研究者たちは、慢性的なストレスが人間の脳の構造に影響を与えることを発見しています。不安は、ストレスの化学作用をもつコルチゾールを増加させ、ニューロンの成長を低下させ、神経を覆っているミエリンの増加を引き起こします（Elzinga & Roelofs, 2005）。

脳におけるコルチゾールのレベルは、２つの主要な神経回路、すなわち長期記憶を担う海馬と、情動制御を担う扁桃体の間の経路に影響します。不安は、海馬と扁桃体のつながりを断ち、両者は必要とされる伝達ができなくなります。ストレス下において生成される幹細胞は、前頭前皮質（ＰＦＣ）の中で神経細胞を覆うミエリン鞘を形成しますが、これは、結果的に、記憶を向上させることにつながる海馬からＰＦＣへの経路上の新しいニューロン形成を妨げます。注意すべき点は、慢性的なストレスによって、ワーキングメモリを使って効果的に学習するといった子どもの能力は妨げられるということです。

WHY なぜワーキングメモリが不安と関連するのか？

不安症群はワーキングメモリの2つの部分に影響を及ぼします。情報を処理することと、その情報を貯蔵することです。不安は、心配のきっかけとなるような侵入的な考えを引き起こします。絶えず続く心配によって、新しい情報を効率的に処理することに努力が必要になります。その結果、子どもは課題を達成するためにより多くの努力と時間を費やすことになります。たとえば、作文を書いているとき、不安の強い子どもは他の子どもの2倍の時間がかかり、2倍の集中力と努力を必要とするかもしれません。なぜなら、不安の強い子どもは自分の考えが十分なものなのか、またその内容が完璧なのかということを絶えず心配しているからです。不安によって影響を受けるワーキングメモリの2つ目の側面は、情報の貯蔵です。侵入的な心配ごとが、新しい情報を処理することと、その情報を長期記憶に移行させることを阻害するような注意バイアスを生み出します。

不安は、ワーキングメモリにおける言語的な情報を処理することを妨げます。誰かがあなたに話しかけようとしているとき、あなたがテレビを見たり、コンピュータを操作しているときのことを思い浮かべてください。あなたのワーキングメモリはその課題に占領され、あなたに話しかけようとしている人に対する注意は損なわれてしまいます。結果として、あなたはその会話についていくことができず、相手にそれをくり返すように尋ねなければなりません。これは、不安症群の子どもが授業やクラスの指示を聞いていると思われるときに、どのように感じているかということと似ています。彼らの言語性ワーキングメモリは、気がかりな考えに使われているので、新しい情報を処理することができません。これに対して、ある研究によると、視空間性ワーキングメモリは、全般的不安または課題遂行不安による影響を受けないことが示されています。なぜなら、気がかりな考えは視空間的な方法ではなく、言語によって処理されるからです（Castaneda et al., 2011）。不安は、学業成績にも影響を与えますが、この影響は年齢や性別によって異なります。女性は男性よりも不安症群であると診断されています。

幼児期のワーキングメモリと不安

健康なレベルの不安がある幼い子どもは、たいてい一度に2つの課題を遂行することができ、一方の課題に対する注意をもう一方の課題へ変更することができます。しかし、高いレベルの不安がある幼い子どもは、複数の課題を効率的に処理することができず、注意を適切に切り替えることに困難があります。未就学児を対象とした研究によると、高いレベルの不安をもつ未就学児は、低いレベルの不安をもつ未就学児に比べて、言語性ワーキングメモリ課題のパフォーマンスが低いということです。高いレベルの不安をもつ子どもは、言語的な情報の処理や再生に非常に困難を示し、質問に対して、言葉で答えるよう求められると長い時間がかかります（Visu-Petra et al., 2011）。

教室で子どもが、1つの活動中に2つのことを同時にするよう求められているときに、こうした困難さが明白になります。たとえば、子どもが線の中に書く練習をしながら、教師からの言語的な情報を処理するというような活動です。トライを思い出してみてください。あの活動は、課題を遂行するとき、他の情報を処理すること（逆算をすること）に気がそれている間、その課題遂行がどれほどむずかしいかを示しています。

不安は、言語のような複雑なスキルの習得にも影響を与えます。幼少期から、子どもたちは世界をよりよく理解するため経験を重ねます。その中で、人とコミュニケーションを行なうために言語を学習し、聞いた単語を心的辞書にある単語と結びつけるためにワーキングメモリを使います。幼少期は、言語発達にとって重要な時期であり、不安は言語の学習過程にとって特に有害となります。こうした阻害は、成人が言語を知らない外国にいるときの状態に似ています。彼らは外国の単語を理解できないので、他者とコミュニケーションをすることがむずかしいのです。

児童期のワーキングメモリと不安

Case Study

ケース・スタディ：ダニエル

16歳のダニエルは、テストの点を上げることに全学期で苦労していました。代数Ｉの追試のとき、このときも彼は合格できそうにありませんでしたが、試験時間中ずっと、彼は髪を引っ張り、膝を上下にくり返し動かし、ぼそぼそ独り言を言っていました。彼の宿題は消しゴムの跡や走り書き、いたずら書きでいっぱいです。彼はいくつか正しく回答しますが、ほとんどの部分はうまくいっていません。彼はしばしば授業を欠席し、出席している日には、頭を下げたままで、めったに教師や仲間とコミュニケーションをしません。

中学校から高等学校への移行は、子どもにとってかなりストレスフルになりえますが、ワーキングメモリはこれに対抗することができます。ワーキングメモリは、子どもがストレスと不安の中で活動することを助ける緩衝材として作用します。対照的に、ダニエルのようなワーキングメモリの小さい子どもは、不安によるネガティブな効果を特に受けやすくなります。たとえば、彼らは高校の幾何学の試験のための準備を、大学の微積分学の試験であるかのように行ないます。彼らはしばしば自分に厳しく、最悪の場合のシナリオを予測します。彼らは十分なワーキングメモリをもっていないので、不安という破壊的な影響に対する緩衝材をわずかしかもっておらず、試験への準備を怠らないにもかかわらず、試験の成績は平均にとどきません（Johnson & Gronlund, 2009）。

しかし、不安の効果はいつもネガティブというわけではありません。青年期では適度なレベルの不安は健康的であり、生徒は試験での悪い結果を避け、よい成績をとることへの動機づけになります。私たちの多くは、試験で神経質になっているときのことを思い出し、確実にうまくやるために多くの時間を勉強に費やします。不安があるからこそ、私たちは熱心に活動するように動機づけられます。不安とよいワーキングメモリの組み合わせは、この章の最初で見たニコルのように、高い成績につながります。しかし、ワーキングメモリが小さい生徒にとって、不安という過度の負担はさまざまな活動を衰弱させます。なぜなら、彼らは侵入的な心配事に対処するための十分なワーキングメモリの資源をもっていないからです（Owens et al., 2014）。

論点：強迫症（OCD）——その現実とは？

多くの人は、自分の性格の特徴として、強迫症（Obsessive-Compulsive Disorder: OCD）をもっていると気軽に述べます。たとえば、「仕事で家を出るとき、いつも家の前のドアの鍵が閉まっているか確認して車で出かけます。これってOCDだと思う！」というように。しかし現実のOCDは、侵入的な考えが強迫観念に変化し、生活に大きな損害を与えるほどの不安症群です。OCDをもつ人は極端に儀式的で、自分の考えによって生じた不安を緩和するために、非常な努力で複雑な活動をします。

教室の机についている幼い少女を想像してください。彼女は机の前で鉛筆を持ち、紙は机の真ん中に完璧に積み重ねられ、本をちゃんと椅子の下に置き、本の表紙はすべて同じ方向を向いています。彼女のまわりの他の子どもたちは、削っていない鉛筆を床に転がし、紙はしわくちゃでひとかたまりにしており、本は足置きのように机の下に置きっぱなしにしています。この少女がとてもきちんと授業の準備をしていると見なす代わりに、彼女がOCDだと考える人もいるかもしれません。しかし、彼女には強い不安による侵入的な考えや強迫的な行動はありません。彼女がきちんとしていることは、彼女の日常生活にネガティブな影響を与えていませんし、その逆に、課題をより効率的に遂行することを助けてくれています。

それでは想像してみてください。鉛筆を削るためにあまりに頻繁に席を立ち、1ページの紙を書くために鉛筆を2本使う少年がいます。鉛筆を削るのをやめるように求めると、彼は非常に苦痛を感じて愚痴をこぼし、尖っていない鉛筆は使えないと言います。鉛筆に没頭したため、彼は答案用紙に回答するのに長い時間を要し、授業を混乱させます。

この少年と先ほどのきれい好きの少女の違いはいかなるものでしょうか？　その違いは、彼らの行動の基盤に不安があるかどうかです。幼い少女のルーティンは、完璧であることへの強迫的な求めによってもたらされていません。対照的に、この少年の儀式的な行動は、課題に回答する能力に関する不安と心配によって駆り立てられています。OCDは単純な活動をする際にも困難さをもたらします。OCDという言葉を軽率に使うことは、この障害で苦しんでいる人たちを軽視することになるかもしれません。

成人のワーキングメモリと不安

不安の有害な影響は成人期でも持続します。たとえば、数学不安の子どもはワーキングメモリの得点が低く、不安の低い子どもと比較すると、数学の授業における課題遂行が悪い傾向にあります（Ashcraft & Kirk, 2001）。高い不安をもつ成人（大学生ではない）もまたワーキングメモリの低さを示し、日常の活動に影響があります（Castaneda et al., 2011）。想像してみてください。あなたが大きなビルで新しい仕事を始める初日です。印刷した地図を使って、あなたは難なくオフィスまでの道のりを見つけることができます。次の日、あなたは自身のナビゲーションの能力に自信をもち、地図は家に置いておきます。しかし、あなたがビルに着いたとき、あなたはオフィスの位置を完全に忘れていることに気がつくでしょう。1週間後、あなたはまだ地図なしではオフィスを見つけることができません。不安症群の成人にとって、新しい仕事を始めるというようなストレスフルな状況は、新しいオフィスにたどり着くという単純な課題をこなせないほど脆弱なワーキングメモリによって、いっそう困難なものとなります。

幼い子どもや青年と比較すると、成人がどのようにして不安を処理するかには、重要な違いがあります。成人が不安を感じるとき、たいていは不安を悪化させるような行動を回避します。たとえば、数学への不安が高い大学生は、不安が少ない仲間よりも、数学の授業を少ししかとらないでしょう。短期的には、そうした学生は自分の選択を気分よく感じるでしょう。しかし、長期的にはそうしたことは、彼らのワーキングメモリにとってあだとなります。ワーキングメモリは動的な環境の中で発達し、新しい経験がワーキングメモリを発達、維持、向上させるための鍵となります。そのような経験を回避することによって、彼らはワーキングメモリを発達させる機会を失っています。

HOW ワーキングメモリを支援する方略

ここでは2つのタイプの方略を論じます。一つは不安症群の子どもに適用できる**一般的なワーキングメモリ方略**であり、もう一つは不安症群の子どもに**特化したワーキングメモリ方略**です。クラス内の子どもの実態に応じて、適宜変更しながら活用してください。

一般的な方略

■ワーキングメモリがオーバーフローを起こさないように、気が散るものを最小限にする：不安症群の子どもは、絶え間ない気がかりな考えによって、ワーキングメモリも消耗しています。ポスターや窓のような気を散らすものは、ワーキングメモリに負荷を与え、新しい情報を学び、後で情報を再生するための記憶をむずかしくします。彼らがより効果的に学習できるように、まわりの気が散るものを取り除くか、教室の異なる場所に移動させましょう。

■ワーキングメモリによる処理を減らすために、情報を分割する：不安症群の子どもは、新たな、そして複雑な話題を提示されると圧倒されます。複雑な話題は分割して提示することにより、そうした子どもが学習をもっと受け入れられるようにすることができます。たとえば、もしあなたがニュートンの運動三法則を教えているなら、次の法則を学ぶ前に、子どもがそれぞれの法則を理解し処理する時間を与えるため、各法則を異なる日に教えることを試してください。

■ワーキングメモリの処理を支援するために、学習ツールと実演を用いる：不安症群の子どもは、しばしば授業中に注意を維持し続けることができません。そこで、教室で実演することで、彼らが注意を向け続けられるようにしましょう。たとえば、教師はニュートンの最初の法則のモデルを示すことができます。「すべての動きには等しい、または反対の反応がある」と言い、２人の子どもに互いの手を押し合うように求め、等しい圧力を作り出します。こうした実演による説明は、子どもの注意を維持し、最初の法則を理解し、覚えるためにワーキングメモリを使うようにうながします。

■ワーキングメモリを補強するために、情報を不定期にくり返す：くり返すことは、情報をワーキングメモリの中心に保持し、長期間の貯蔵を可能にし、その後の検索を助けるので、情報の貯蔵のために重要です。不安症群の子どもはワーキングメモリが脆弱なため、情報を長期記憶に移すには、より多くの注意が必要です。もしあなたが子どもに単語の綴りを教えているなら、"aquifer（帯水層）"と言い、まず子どもがその文字をくり返している間に帯水層の写真を提示します。綴りをくり返し見せることと、その単語をイメージと関連づけることは、その単語を長期記憶として記憶することを助けます。

■ワーキングメモリの負荷を減らすために、活動を短くする：学習活動の間に休憩をとることは、不安症群の子どもが一度に与えられる情報が多すぎて圧倒されることを避けるための、もう一つの方略です。もし子どもが休憩を与えられなければ、彼らは集中力が途切れ、重要な情報を忘れてしまうかもしれません。新しい概念を提示したあと、彼らがその概念に向き合うことができるよう、いったん立ち止まり、授業に関する質問をするよう求めてください。そうした小休止によって、彼らは、ワーキングメモリを使い、新しい情報を一定のペースで処理し、クラスメイトについていくことができるようになります。

■ワーキングメモリを支援するために、視覚的に提示する：不安症群の子どもは、一般の子どもに比べて言語性ワーキングメモリが脆弱です。彼らの言語性ワーキングメモリの弱さを回避し、視空間性ワーキングメモリを使う方略の一つは、授業の一部に視覚的な教材を用いることです。たとえば、子どもがたった今読んだことや学んだことを、頭の中でイメージとして思い描くようにうながしてください。

＊より早期の方略：低学年の子どもに対しては、彼らが聞いたり読んだりしたことに基づいて絵を描くようにうながしてください。そして、その絵の説明を求め、絵の主要なアイデアを明らかにし、そのアイデアを支えるための話し合いをしましょう。最終的な目標は、子どもが心的イメージを作ったり、絵を描いたりしなくても、授業を説明できるようになることです。

特化した方略

■ワーキングメモリを支援するために、社会不安を減らす：不安症群の子どもは、仲間からの批判を恐れているので、人とかかわる活動は非常に困難です。これは教室の中で、仲間とあまり交流しない過度にシャイな子どもの姿として現れます。これらを改善するために、教師は、すべての子どもが他のクラスメイトに話しかけるような授業を行なうことができます。彼らは机の前に立ち、昨日の授業について好きだったことを一つ話します。

少人数のクラスでは、教師は、不安を抱える子どもを、子どもどうしのグループの中で、互いに自己紹介させます。仲間に話すことが心地よく感じるようになることが目標です。社会的な不安を減らすことによって、彼らはワーキングメモリの容量を、社会的な対人関係に対してではなく、授業に向けることができます。

言語性ワーキングメモリを支援するために、社会的な励ましを用いる：不安症群の子どもは、言語性ワーキングメモリが脆弱で、その結果、感情や願望を伝えることや、考えをまとめることにむずかしさを感じています。そのため、言葉で話す技術を高めるためにも、彼らが仲間に話しかけることを励ましてください。そして、自分たち自身でそうした機会を作り出せるようにうながしてください。クラスメイトと一対一で会話する機会を作り、いくつかの活動では、ペアで一緒に活動できるようにしましょう。

高いレベルの不安をもつ子どもは、教師や仲間からの期待に対して恐怖を抱く傾向があります。そのような子どもがもつ心配事について話題にして、誤った期待のイメージを払いのけましょう。不安を和らげることによって、注意バイアスを取り除くことができるので、彼らはワーキングメモリを学習そのものに活用することができます。

＊より早期の方略：不安のある低学年の子どもは、しばしば仲間との交流を避けますが、これは彼らの言語発達を妨げます。幼い子どもに、互恵性やアイコンタクトをとることなどの基本的な会話スキルを教えるための時間をとり、新しい会話に加わることを怖がらないようにします。彼らが仲間に話しかけることを心地よく感じ始めたら、より効率的に言語的な手がかりを処理することを学び、基礎的な言語スキルを発達させるでしょう。

■ルーティン化する：不安症群の子どもは、不確実なことや、結果として生じる心配を好みません。1週間の授業計画やシラバスを作成し、それを彼らと共有することにより、何をすることが求められるのかわかるようにします。結果として、彼らは不安を感じにくくなり、ワーキングメモリを気がかりな考えに消費する代わりに、学習に集中して使うことができます。

■現実的な予測を作る：高いレベルの不安をもつ子どもは、不健全な完璧主義を示す傾向があります。さらに、彼らは高い、そしてしばしば誤った予測をしています。個々の子どもに注意を払い、彼らのもっている期待について一緒に率直に話してください。構造化した目標を与えることで、彼らは現実的に課題を計画できるようになります。過度に期待されているという考えを取り除いたとき、子どもは教師をがっかりさせるのではないかという余計な神経を使う必要がなくなり、ワーキングメモリを学習目標の達成に向けることができるようになります。

Case Study

ケース・スタディ：ライアン　社交不安症群

「DSM-5」に関連するライアンの行動：

・他者の目にさらされる可能性のある、あるいはそれ以上の社会的場面に関する著しい恐怖や

不安

・社会的場面がほとんどいつも恐怖や不安を引き起こす。子どもにおいてこれは、泣く、癇癪を起こす、動かなくなる、しがみつく、委縮する、社会的場面で話すことができないなどを引き起こす

・社会的場面を避けたり、強い恐怖や不安を抱えながら耐えている

・恐怖、不安、回避が、典型的には6か月以上持続する

ここ1年、8歳のライアンは、母親が彼を学校で車から降ろすときに、感情が行動として表れます。数週間のうちいつもにもまして深刻だったある週のこと、母親が彼を車から降ろすと、彼は毎回癇癪を起こしました（次の週は、朝に2回、癇癪を起こしただけでしたが）。ひどい朝には、彼は母親の足にしがみつき、彼をおいていかないように母親に大声を上げました。

彼はどのクラスメイトにも話しかけることを避けていました。彼がグループに入れられたときも、彼は黙ったままでグループの活動に参加しようとしませんでした。彼は担任とだけ話し、それ以外の大人たちには話すことを拒絶していました。彼は昼食や休憩時間のような場面では、一人で引きこもっていました。休憩時間では、他の子どもたちから離れ、ブランコに一人で乗っていました。昼食の間、仲間に囲まれているときでさえも、頭をうなだれて一言も発しません。彼はしばしば、給食時も一人にさせてほしいと私に求めてきました。

ライアンは内気すぎて他者に話しかけることができなかったので、会話のルールを学べず、また単純な感情さえも伝えることができずにいました。たとえば、気が動転しているようなときに、私が彼に何に困っているのか尋ねても、彼は呆然と私を見つめるだけでした。私がくり返し尋ねると、彼は「わからない」と言いました。彼は言語理解もまた乏しく、「図書館に行って、授業で使う辞書を持ってきて」というような単純な指示も、彼にとってはむずかしいことでした。彼はストレスを抱え、結局、何も持たずに教室に戻ってくるということが頻繁にありました。

方略

●ワーキングメモリによる処理を減らすために、情報を分割する

私は彼に、図書館から一冊の本を取ってくるというような、達成すべき単純な課題を与えることによって、ライアンの授業への参加を励ましたいと思いました。私は、課題をスモールステップにすることにより、彼がどのステップにいるかをわかるようにしました。（1）図書館に向けて歩く。（2）司書を見つける。（3）辞書について尋ねる。（4）教室に戻る。これらの1ステップずつの教示により、彼のワーキングメモリへの負荷を減らし、あまり不安を感じずに課題を達成することを可能にしました。最終的に、私が図書館から何を必要としているかを書き起こすだけで、彼はそこに行き、正しい本を持って帰ってくることができるようになりました。

●ワーキングメモリの処理を支援するために，社会不安を減らす

グループ活動を行なう場合には，私はいつも彼を同じメンバーのグループに入れました。私はまず，グループのみんなに自己紹介をさせ，好きな動物を言うように求めました。ライアンの番になったら，私は彼の隣に座り，彼がグループのメンバーに伝えられるよう援助し，必要があれば彼がもっと発話できるよう励ましました。いったん，彼がグループメンバーといることに心地よさを感じているようであれば，私は，そこから離れました。彼は，課題に取り組むことにあまり不安を感じなくなり，それ以上，私が積極的に働きかけなくても，ワーキングメモリを課題処理のために使うことができるようになりました。

●言語性ワーキングメモリを支援するために，社会的な励ましを用いる

授業のあと，私はライアンにその日のことについて尋ねる時間をもちました。彼が質問に答えられないようすであれば，私は「あなたの一日はどうだった？」と尋ね，励ましました。もし彼がまだ混乱しているようならば，私は，「今日はいい日だった？　悪い日だった？」と尋ねました。私は彼に，適切な反応を選択させ，それを感情と結びつけていけるよううながしました。次の回に同様の質問をしたときには，彼はすでに選択肢を知っていて，自らの経験から返答できるようになりました。

Case Study

ケース・スタディ：ビアンカ　全般性不安症

「DSM-5」に関連するビアンカの行動：

・心配をコントロールすることがむずかしい
・最低6か月以上持続する、出来事や活動（仕事や学校での遂行など）に関する過度の不安と心配（不安な予測）
・疲れやすい
・イライラする
・睡眠障害（眠りについたり眠り続けることのむずかしさ、落ち着きのなさ、満足でない睡眠）

18歳のビアンカは、高校のマーチングバンドでトランペットを演奏しています。バンドの練習時間に彼女は部屋の後方で眠り込んでしまいました。彼女のクラスが屋外でマーチングを練習しているとき、彼女は外に出て、その活動に数分以上参加するエネルギーはありませんでした。バンドの指導者が彼女の行動について彼女に話しかけたとき、彼女はとても気が動転してしまいました。友人が彼女と向かい合ったときでさえ、彼女は彼らに大声を上げ、感情をあらわにしていました。

彼女がもっとバンドに参加できるよう、バンドの指導者は、あるマーチングショーで彼女にソロパートを与えました。しかし、ビアンカはそれを演奏することを拒絶し、仲間にその役を渡しました。彼女はまた高校のフットボールの試合の毎週のハーフタイムショーでも演奏をしませんでした。彼女は群衆の前では演奏したくないと言っています。また彼女は、到着してすぐに試合をあとにしました。なぜなら、彼女は疲れすぎており、そこに居続けること、そして、試合のために外野席でバンドと一緒に演奏することはできなかったのです。

方略

●ワーキングメモリの処理が自由にできるように、ストレスの負荷を減らす

ビアンカはすばらしいトランペット奏者でしたが、人前で演奏することにいつも強いストレスを感じていました。バンドの指導者は、彼女に曲の中で目立たないパートを与えることを決め、バンドの他の人たちに溶け込めるようにしました。彼女は自分が注目されないと感じた瞬間、失敗をすることへの心配がなくなりました。彼女はすぐにバンドで演奏する中で活発なパートを担うようになり、自分のトランペットの演奏能力に自信をもつようになりました。

●ワーキングメモリの負荷を減らすために、活動を短くする

ビアンカは疲れやすいことに困っていました。彼女は演奏と行進で疲れ切っており、ワーキングメモリを行進のステップや楽譜を覚えるのに使うことができなくなりました。この問題を克服するために、バンドの指導者はマーチングの練習時、彼女が休憩をとることを許可しました。他の生徒は立つことが求められる場面では、ビアンカは次に演奏する必要があるときまで地面に座ることが許されました。この休憩により、彼女はグループの行進のターンや演奏にもっとかかわることができるようになりました。結果として、彼女は曲譜やアレンジされた行進のステップといった情報をより正確に覚えることができるようになりました。

●言語性ワーキングメモリを支援するために、社会的な励ましを用いる

ビアンカはマーチングのアレンジや曲譜を覚えることができないときなどは、過度のストレスを感じ、彼女は挫折を感じ、練習の途中でやめてしまうことがよくありました。そこで、バンドの指導者は、昼食のときや放課後にも彼女が練習をすることができるようにしました。彼らは一緒に譜面を見たり、演奏を行ないました。彼らは行進のステップも一緒に乗り越えたので、彼女は自分のパートを簡単に演奏できるようになりました。バンドの指導者が、彼女に個別の注意を向けることで、彼女が演奏のための譜面と行進のステップの両方を自動的に追っていけるよう援助しました。この過程は、彼女の課題を遂行する不安を大きく減らし、数週間で失敗せずにマーチングをするだけでなく、すべての曲を記憶して、自信をもって演奏することができるようになりました。

要約

1．中核的症状：不安症群の子どもは、気がかりな考えに翻弄されています。その心配は、ネガティブな考えに頻繁に注意を向け続けてしまう〝注意バイアス〟と呼ばれる現象が生じるほど、侵入的になり得ます。

2．ワーキングメモリの特徴：不安症群の低学年の子どもにおいて、言語性ワーキングメモリの脆弱さが共通の特徴としてみられます。彼らが成長しても、しばしば成人期までその傾向は持続します。

3．支援方法：ストレスの負荷を減らすことが、ワーキングメモリを効果的に働かせるために重要です。ストレスを乗り越えるための方法を発展させていくことと同時に、情報や課題を区切ることは、不安症群の子どもが教室や社会的場面で十分に学習していくための重要な支援方略となります。

第9章 支援方法とトレーニング

本章のポイント

- 子ども中心の学習を発展させる方法
- 子どもがより自立的な学習者になれるように支援していく方法
- ワーキングメモリトレーニングの効果検証

学習障害を抱えることで最もむずかしいことの一つは、学習障害というラベルそのものです。学習障害とラベルづけることが、子どもを〝学習性無力感〟に陥らせます。たとえば、現在ジムは成績がすべて「A（優）」ですが、ADHDと診断されていた頃、彼は小学校を留年していました。同年齢の男の子たちと同じように、彼はとても元気のよい生徒でしたが、騒々しく、友だちと乱暴に遊び、授業中はいつもトラブルを起こしていました。彼がADHDと診断され学校に戻ってきた初日、彼は静かに椅子に座る代わりに、歩き回り、教室のまわりで紙のボールを投げていました。教師は彼がADHDと診断されたことを知っていたので、彼の逸脱した行動を大目にみていると、彼の授業態度はさらに悪化していきました。ジムはADHDという診断を言い訳にして、宿題もしばしば2、3問解いただけであきらめてしまいました。しかしまたもや、先生は彼を大目にみました。ジムは大学生活が始まったときに、この診断が必ずしも自分自身を表するものではないことに気づき、彼は懸命に勉強するようになりました。彼はすぐに授業でうまくいき始め、同じような学生のロールモデルとなっていきました。

ジムや彼のような子どもは、勉強するようになると無力感を抱き、それは自尊感情にも影響を及ぼします。3000人の子どもを対象にした大規模な研究では、ワーキングメモリが小さい子どもは、**自己の有能感**が低い、または環境に影響を及ぼすことができるという有能感が低いことが示されました。彼らは教室でうまくいかないことに気づき、その結果自信を失ってしまいます。このような子どもたちは感情面が脆弱であることが多く、自信を積み上げていくうえで支援が必要になることもあります(Alloway et al., 2009)。

この本の大部分では、教師が子どもたちをサポートする方法について述べてきました。本章では、子どもたちが自分自身でできるサポートの方法について述べていきます。彼らは、自分自身の成功に対し責任をもつことで、自分は自分でよい成果を生み出すことができるといった自己への信頼を得ていくことができます。彼らが、学習障害が自分自身や自分の成果を制約するものではないと発見できれば、サポートの必要性も減ってくるでしょう。本章では、自信を深める学習の促進方法について述べます。

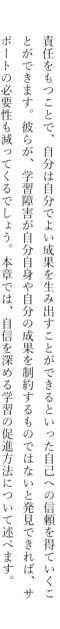

メタ認知

メタ認知が働いているとき、自分が取り組んでいることの理由に意識が向いています。つまり、それは、向き合っている作業に適した方法を意図的に選んでいることを意味します。子どもたちの学習がうまくいっているとき、彼らは学習のゾーン（zone）に入っています。たとえば、ノートを上手にとる、数学の問題を理解する、スペル・テストに挑戦するといったときです。けれども時には、何もうまくいかないようにみえることがあります。しかし、大局的にみることによって、つまり〝メタ〟的な意識を向けることによって、子どもは自分の学習内容をすぐに組みなおし、ものごとがうまくいっているときといっていないときを俯瞰することができるようになります。学習がスムーズに進んだとき、そのプロセスについてメタ認知を向けることで、子どもはそれをくり返すことができ、学習のゾーンでもっと時間を費やすことができます。

ロンドンの特別支援の教師スーザンは、彼女の生徒であるマックスがむずかしい文法の概念を理解するよう何週間も教えた末、ついに彼が理解したときの喜びを語ってくれました。金曜日の午後、子どもの進歩を喜び帰路につきました。しかし、彼は月曜日に前と同じまちがえをしていました。それを見た彼女の失望を想像してみてください。スーザンは、彼になぜ金曜日には正しくできたのに、またわからなくなってしまったのか尋ねましたが、彼はただ肩をすぼめるだけでした。

子どもたちは、自分がどんな手順で正しい答えにたどり着いたのかを忘れてしまうのです。では、マックスのような子どもが学習を定着させるために、教師ができるシンプルな声かけを紹介しましょう。

Step 1 何をしたの？

あなたがこんな質問をすると、おそらく子どもは「知らない」や「ただやっただけ」などと答えるでしょう。ここで、彼らに、課題を成功させるのにどんな方略を使ったのか、もうひと押しして尋ねてみましょう。もしふだんから暗算に苦労していた子どもが、突然「13＋17」という計算に正答することができたら、どのようにしてその答えに行き着いたのか言葉にするよううながしましょう。すると彼らは「10＋10が20になること、3＋7が10になることを知っていたから、それらを足してみたんだ」と答えるでしょう。ここで、あなたは彼らに、なぜそうなるかを理解できるように手助けし、まず1の位、次に10の位を足すといった同じ方法で他の問題を解く手助けをしましょう。

Step 2　どうしてそうしたの？

単語のスペルの学習をしているとき，彼らは無意識に文字を歌って覚えているかもしれません。これはよくみられる現象で，生徒がアルファベットを，最初は歌で覚えるのと関連しているのかもしれません。生徒がこの方法をうまく使えているようなら，生徒にどうしてそうしたのかを尋ねてみましょう。彼らは「歌っているときのほうが覚えやすいから」と答えるかもしれません。彼らを励まし，どうしてその方法を選んだのか，その理由を言語化するように求めましょう。

Step 3　どのようなとき，もう一度，それを使えるの？

ワーキングメモリの小さい子どもは，方略を一度限りの活動としてみているため，それらを異なった課題に適用しようとは考えません。彼らが使っている方略と授業とのつながりは，はっきりしているのに，別の課題にその方略をなかなか適用できません。**Step 2** の例にあるように，多くの子どもは，話すよりも，歌うほうがより記憶しやすいというのは確かです。彼らが，音楽を使うとスペルを覚えるのに役立つと知っているならば，新たに理解した自分のやり方が，別の状況でも使えないか尋ねてみましょう。彼らは歴史（Kings & Queensの歌）や数学（九九），科学（分類学上の階級）などのように，歌って覚えられるものがどれくらいあるか知りたがるでしょう。

Step 4 どんなふうにうまくいったの？

これは重要なステップです。いろいろな方法の中でよりよい方法があります。じつは、彼らが使っていた方法は、成功を阻害することがあるかもしれません。たとえば、ジェンマは20以上の数を足すときは数を10ずつ小分けにしていました。「74＋57」の場合は、「74＋10＋10＋10＋10＋10＋7」のように考えていました。この方法の問題は、時間がかかることと、どれだけ10の数を加えたか、あとどれだけ足すのかを記憶するためのワーキングメモリを必要とすることです。この方法はどう役に立つかジェンマに尋ねると、たとえば「80＋40」のような200までの計算なら10の位を足し終えてから、あとで1の位を足すとより計算しやすいということに彼女は自分で気がつきました。今、ジェンマは暗算が非常によくできるようになりました。

符号化：情報を取得する

「符号化」とは、心理学の用語で、私たちが知らない情報を得た際に、より簡単で覚えやすいものに変換しようとすることを示します。情報を符号化する最もよい方法の一つは、頭の中に入ってきた情報を、すでに頭にある何かの情報と対応づけることで、意味のあるものにすることです。ハラルド・フェアヘアー（Harald Fairhair）がノルウェーの最初の王だった事実を考えてみましょう。この情報は私たちの知っている歴史的事実の中ではあまり取り扱われないものなので、適当に覚えていたら非常に記憶しにくいものです。もしこの情報がテストに出るから覚えなければならない場合、ほとんどの人が思い出すのに苦労するでしょう。しかしながら、符号化はそのような関連性のない情報を覚えることを可能にします。

長期記憶とのつながりを作る

ハラルド・フェアヘアーがノルウェーの最初の王だという情報を覚える初めのステップは、長期記憶とのつながりを作ることです。長期記憶は、情報の巨大な貯蔵庫で、世界についてあなたが知っている情報もそこに記憶されています。それには、意味についての理解や、単語どうしがいかに関連しあっているかといったような心的辞書も含まれます。たとえば、みなさんは、飼っている犬が、哺乳類で動物の仲間に属していることを知っています。長期記憶は、相互に絡まった網目や地図のようなものと考えることができます。子どものこうした豊かな知識を利用することをうながすことで、子どもたちが自らのワーキングメモリを支えるために創造的で楽しい方法を考えることができます。

ハラルドの話に戻りましょう。私たちは、ストーリーを作ることによって、頭の中にこの事実を入れ、長期記憶を形成します。ハラルド（Harald）はノルウェーの最初（first）の王（king）で、彼の名前はフェアヘアー(Fairhair)であると思い出す必要があります。子どもは意味記憶を用いて、心の中で、縁日(fair)

にいる毛深い（hair）王（king）が王の伝令係（herald）に紹介されており、そこのパイの早食いコンテストで一番（first）になっているシーンを思い描くかもしれません。もちろんこのストーリーは奇妙で変ではありますが、印象に残って覚えやすいでしょう。

カテゴリーの手がかり

符号化する別の方法は、カテゴリーの手がかりを用いて、子どもの記憶をうながすことです。「中折れ帽子」「タキシード」「ズボン」「長椅子」「シャンデリア」「化粧テーブル」といった、新しい言葉を子どもに教えている場面を想像してください。子どもにそれぞれの言葉が属するカテゴリーにグループ分けすること、そして、そのカテゴリー名を与えて、情報の検索に役立てるように伝えましょう。ある研究では、「洋服」や「家具」のようなカテゴリーを手がかりとして用いた場合、そのカテゴリーに関連する単語すべてを覚えられる者の数は、2倍になることが示されています。他にも色や食器（フォーク、スプーン、ナイフ）など、どのようなグループの言葉についても、このことを試すことができます。新しい語彙やスペルを教えるときに、今述べたようなカテゴリーごとにグループ分けする方法を試してみてください。

長文のための3つのルール

文章を読んだ際、要点を3つあげるよう子どもに求めましょう。文章の主旨とそれを支持する視点を2つあげることができたでしょうか？　このプロセスによって、子どもたちは文章の中の重要な情報を認識し、あまり重要でない情報を排除していくことができます。子どもたちが情報を処理するのに奮闘したぶんだけ、情報が頭にしっかり残るでしょう。

声に出して話す

子どもたちがグループになって、彼らが読んだことについて話し合うことを求めましょう。子どもたちが読んだことを話し合うと、単に文章の要約リストを読むよりも、多くの情報を覚えていることがわかっています。

検索：得た情報をアウトプットする

子どもたちは頭の中に情報を蓄えています。次に、それらを検索する必要があります。これは、ワーキングメモリを使い、長期記憶から情報を検索すること、そして、正しい答えを紙に書き出していくことを求めるものです。

教材を復習する代わりに自分でテストする

テスト勉強では、ほとんどの子どもは覚えることができるだろうと期待しつつ資料を読み返します。しかしながら、テスト勉強で最もよい方法は自分でテストをすることです。ある研究では、実験参加者が自分でテストをしたときのほうが、読むだけのときに比べて、1・5％多くの情報を覚えていることを示しました。

仮のシナリオ

もし、あなたが、子どもたちに資料についてより深く理解させたいのならば、子どもに、長期記憶を利用するうえで、ワーキングメモリを積極的に用いるようながしてください。その際、仮のシナリオを作っていくことは、すばらしいやり方です。なぜなら、初めて目にする文脈で、情報を想像していくことは、ワーキングメモリを使用する必要があるからです。たとえば、もしトーマス・ジェファーソン（元アメリカ大統領）について教えるなら、子どもたちがトーマス・ジェファーソンになったつもりで、現在に時間旅行してもらいましょう。アイスクリームの味は、チョコレートとバニラのどちらが美味しいかという2つのグループ間の意見の不一致を解決するために、彼らはジェファーソンの政治的なスキルを使わなければなりません。ジェファーソンならこのジレンマにどのようにアプローチするだろうと子どもたちに尋ねましょう。現代にジェファーソンがいたとしたらどのように解決し、彼が何をするかを考えることによって、子どもたちはジェファーソンについてすでに知っていることを使い、課題に取り組み、興味深い方法でそれを応用できるようになるでしょう。

橋を架ける

任意の情報を思い出すよい方法は、新しい知識と長期記憶との間に橋を架けることです。ドミニク・オブライエンは世界記憶チャンピオン大会の8度の勝者であり、ギネスブックに多くの記録をもっています。彼がもつ信じられない能力の一つは、ほんの数時間の間に、54組のトランプカードを覚えることです。私が全英記憶チャンピオン大会でオブライエンと一緒に活動していたとき、彼は15、16歳の生徒を相手に、新しい知識と長期記憶との間にどのように橋を架けるのかを教えました。

まず彼は、「爆弾（Bomb）」「ヘリウム（Helium）」「ライト（Light）」「バレル（Beryl）」「石炭（Coal）」と無作為な単語のリストを示しました。ほとんどの生徒はすべての単語を覚えることができませんでした。お昼までに、たった3個の単語を思い出せたのもほんの一握りでした。オブライエンは彼らに次の話を始めました。

「ある夜、あなたはベッドで眠っています。そこで、大きな爆発音が聞こえました。爆弾の音のようでした。すぐに、空に浮かぶヘリウム船が明るい光を地面に注いでいるのを見つけました。

彼らは犯人を探しているのでしょう。明かりはあなたの部屋のほうに向かっているようでしたが、あなたの隣人、バレルさんの家を照らしました。あなたはさらに爆弾が落ちることを心配し、家から庭へ駆け出しました。すると、誰かが道の真ん中に石炭の大きな袋を置き忘れており、暗闇の中、あなたはそれにつまずき転んでしまいました。」

この物語は続いていきますが、生徒がその物語に引き込まれていったことは、みなさんも想像がつくと思います。オブライエンは、最後に、先のリストの単語は、周期表における元素を覚える手がかりであることを明かしました。「Bomb（hydrogen：水素）」「Helium（helium：ヘリウム）」「Light（lithium：リチウム）」「Beryl（beryllium：ベリリウム）」「Coal（carbon：炭素）」。今では、生徒は単にこの物語を思い浮かべるだけで、簡単に元素を思い出すことができます。驚いたことに、生徒は帰りの時間までに、15個の単語をすべて正しい順番で、そして、逆向きの順番でさえ、思い出すことができました。

日々の習慣

子どもたちが日々の生活の中でできるちょっとした工夫によって、学習に大きな影響を与えることができます。

食生活

子どもたちがコントロールできる最も重要なものの一つが、何を口に入れるかということです。何を食べるかということは、いかに考えるかということにつながります。なぜなら、私たちの脳は、私たちが口にしたものによって形作られているからです。

■トランス脂肪酸 対 オメガ3脂肪酸：トランス脂肪酸のような、「ジャンキー」な脂肪が多く含まれた食べ物を継続的に食べている子どもは、学校での学びに苦労します。一方で、オメガ3脂肪酸のようなよい脂肪をおもに摂取する子どもの脳は、働く準備ができています（Northstone et al., 2011）。

トランス脂肪酸がある意味で脳に悪いのは、分子構造と硬直性に原因があります。トランス脂肪酸は、バールのようなものと考えることができます。「硬く」、真っ直ぐな構造をしているのです。比較的しなやかで、バネのような構造をしたオメガ3脂肪酸と比べてみましょう。こちらは「柔軟」です。人間の脳を満たしているニューロンは、食べた脂肪によって形作られます。身体は、オメガ3脂肪酸のようなしなやかな脂肪でニューロンを作るほうがよっぽど好きです。トランス脂肪酸を多く摂りすぎると、身体の中に入ったトランス脂肪酸でニューロンを形作ることを強いられます。

稼働中の脳というのは、脳の部位（たとえばワーキングメモリの本拠地である前頭前皮質など）の間や、脳を構成するニューロンの中を、思考を形成する小さな電気の嵐が通りすぎているようなものです。電気信号がニューロンの間を進むとき、細胞壁にある小さなトンネルを通らなければなりません。柔軟な脂肪でできたニューロンは、柔軟なトンネルをもっており、電気信号に合わせて形をすぐに変えることができます。一方、硬い脂肪でできたトンネルは、信号に合わせるのがよりたいへんです。ジャンクフードを食べすぎると考えるのがたいへんになるのは、このように悪い脂肪がニューロンにダメージを与えているからだということがわかるでしょう。

■フラボノイド：フラボノイドを含む食べ物は、ワーキングメモリにとても役立ちます。フラボノイドは植物由来の食物に含まれる、強力な抗酸化作用をもった物質です。この物質は、子どもたちの脳の血のめぐりをよくするため、血液を最も必要としている脳部位に届けることができます。また、ニューロンを傷つける神経炎症を抑制し、ニューロンの再生産をうながします。フラボノイドが多く含まれる食べ物には、ベリー類（ブルーベリー、ブラックベリー、ラズベリーが特によいです）、ダークチョコレート（カカオ70％以上のもの）、スモモ、ホウレンソウ、ケールなどがあります。フラボノイドはワーキングメモリを向上させるという研究もあり（Macready et al., 2009）、おやつの時間に脳の力を高められるよう、小さいコップ一杯のベリーとダークチョコレート一欠片も一緒に食べさせるように保護者に勧めてみてください。

■牛乳を飲もう！：牛乳は身体によいだけでなく、脳にもよいのです。適量の牛乳と、ヨーグルトやチーズといった乳製品は、ワーキングメモリにとてもよい効果をもたらします。乳製品は、青年と大人の認知機能によい影響があるのですが（Crichton et al., 2012）、子どもにも同様に認知機能へのよい影響がみられるのかは、さらなる研究が必要です。一方、牛乳には、成長期の子どもに必要なカルシウムやプロテインなど有益な物質が存分に含まれています。

■バランスをとる：教師は、子どもの脳がよい物質で構成されるように保護者に勧めるべきです。ここで鍵となるのが、正しいバランスを保つということです。もし子どもたちが認知機能によい働きをするものを食べたなら、子どもの授業中の達成度は、そうでない場合よりも高まるでしょう。もちろん、時と場合によってはめを外さなければ、人生は少しつまらないものになります。ほんの2～3切れのピザ、ポテトチップス一袋、ドーナツやハンバーガーくらいでは、子どもたちのワーキングメモリがダメになるということはありません。むしろ学校で努力を行なううえで、動機づけのための報酬として使うこともできます。しかしながら、そうした食べ物が主となって構成されている食生活は、悪影響をもたらします。特定の食べ物がいかに学校での学習の達成度を向上させるか（そして妨げとなるか）を知っておくことで、保護者や子どもたちによりよい選択をさせ、バランスを探ることをうながすことができるのです。

睡眠

子どもがベッドの中で過ごす時間が長いほど、ワーキングメモリのためになります。睡眠はワーキングメモリの強力な支えです（Whitney & Rosen, 2012）。残念ながら、子どもたちがタブレットやテレビ、携帯、ビデオゲーム、その他の娯楽に触れ、オンラインで時間を過ごせる今のネット漬けの世界では、子どもたちの部屋が夜遅くまでスクリーンの点滅に照らされているというのはごくありふれたことです。こうしたことで、睡眠量はかなり減少するおそれがあります。子どもたちが適切な睡眠をとれないとき、数学や言語を扱う主たる脳部位がうまく働かなくなり、学習に苦労します。ワーキングメモリの本拠地である前頭前皮質は停止することはありませんが、働いていない部位の仕事を肩代わりさせられます。つまり二重の仕事をさせられるわけです。

たとえばあなたが「ハムレット」で主役を演じることになり、他の役者たちはみんな前日に飲み明かしたせいで現場に現れないという場面を想像してみてください。もちろん、試験勉強をしていないからといってテストをすっぽかすことができないように、役者たちが疲れているからといって舞台をキャンセルするわけにはいきません。ショーは続くのです。ですから、今やあなたは、自分に割り当てられた役だけを演じるだけでなく、ハムレット役も、オフィーリア役も、ハムレットの母親役も、不正を犯した王様役も演じなければならないのです。もしかするとあなたは、じつは名優リチャード・バートンも顔負けなくらいに、すばらしいハムレット役になれるかもしれませんが、今はあまりにバラバラな役をたくさん任されていますから、きっと舞台は失敗に終わることでしょう。もし子どもたちが自分のワーキングメモリを最大限に活かしたいと思うのなら、脳を十分に休ませて、役者一人ひとりがきちんと自分の役を演じられるようにしなければなりません。以下に、学年ごとの適切な睡眠時間を示します。

・保育園・幼稚園児（4〜6歳）：12時間
・小学生（7〜13歳）：10時間未満
・中・高生（14〜18歳）：9時間

睡眠の重要性はいくら強調しても言いつくせません。教員として、子どもたちの脳が授業でよく働くために、家でよく眠りにつくようにうながす「睡眠課題」を他の宿題と同様に課したくなったかもしれませんね。

サイエンス・フラッシュ

教室のテクノロジー

テクノロジーは、ワーキングメモリを阻害しているのでしょうか？　私たちはますますワープロソフトに頼って文法を訂正し、携帯電話で約束を思い出し、電話番号を覚えずにワンタッチで電話し、マウスをクリックするだけで、あらゆる情報を利用できています。このことはマイナスでしょうか？　フェイスブックのようなソーシャルネットワークは、私たちの日常的な生活を送るための能力を低下させているのでしょうか。おそらくはその逆です。テクノロジーは、私たちのワーキングメモリを劇的に向上させることができます。

フェイスブックは最も人気のあるソーシャルネットワークの一つで、約30億人のユーザーがいます。５歳のとき以来会ったことのない人と連絡がとれることの目新しさの他に（連絡をとった結果がどうなろうと）、社会とつながっているといった感覚を育てることができます。他の人とのつながりを絶っている人は、孤独であり、そして教育や雇用の場面で多くの恩恵を見逃してしまっているかもしれません。高齢者を対象とした研究は、友だちと会ったり、電話で話をしたりして時間を過ごす人は、より孤立している人たちに比べて、物忘れをしないことを示しています。

テクノロジーの進歩は目覚ましく、より多くの人たちがソーシャルネットワークを使うようになっています。しかし、これは、教育にどのような影響を及ぼすのでしょうか。このことが、ワーキングメモリを押し上げるのでしょうか。最近、私はこの問題を検討しました。高校生（15〜17歳）を対象に質問紙調査を実施し、どれくらいの時間をフェイスブックのようなソーシャルネットワークで費やしているのかといったことを尋ねると同時に、彼らのＩＱ、ワーキングメモリ、学業成績（国語、算数）を調べました（Alloway, Horton et al.,

2013)。

その研究では、絶えず（1日に1度）フェイスブックを使っている人は、綴りや語彙に加え、ワーキングメモリの成績も高いことが明らかになりました。ワーキングメモリのスコアが高かった理由の説明として、フェイスブックを使うときにワーキングメモリも使うということが一つ言えるかもしれません。たとえば、フェイスブックにログインすると、まずはニュースフィードから情報を集め、優先度を決めて、自分に関係のあるものかを見定めるために情報を処理し、最後にその情報をもとにして何をするかを決めなければなりません。こうしたプロセスを行なっている間中ずっと、子どもたちは「ミニ・ワーキングメモリトレーニング」を行なっているともいえます。これは、ソーシャルネットワークを教育カリキュラムの中に組み込んでいる学校にはとっては、よいニュースです。

ワーキングメモリのトレーニング

この本では、授業の中でワーキングメモリをサポートする方法を提供しています。子どもの学びのための足場作りともいえるでしょう。しかし、学校や教育会議における講義のたびに、「ワーキングメモリを大きくすることはできるのか」という質問が出ます。長い間心理学者は、私たちのワーキングメモリのサイズは固定しており、それを変えることはできないと考えていました。しかし、じつは、私たちは脳を訓練し、ワーキングメモリを改善することができることを、ある最先端の研究が示しました。

この刺激的な結果を受けて、過去5～10年の間〔訳者注：2010年代〕に、脳トレーニング関連の製品が数多く販売されるようになり、その中のいくつかは、学校で利用されるようになりました。以下に、研究に基づいたワーキングメモリのトレーニングプログラムや、その背景となる研究を評価するキーポイントを3つ紹介します。

1．**統制群：**統制群は、トレーニングプログラムが効果を示したのは、ただ単に子どもがいつもと違うことをしたからではないということを確かめるための、比較対象となります。一部の研究では、「何もしない」人たちのグループを統制群としています。研究としては問題ないのですが、理想的な統制群というのは「何かをする」人たち、つまりトレーニングプログラムとは別の何か（読書や、プログラムとは別のコンピュータゲームなど）をするグループです。ですから、トレーニングプログラムを行なった群と比較するためには、何かの活動を行なっている統制群（アクティブコントロール群）を用いた研究を探しましょう。

2．**学習の転移の効果：**転移とは、プログラムに含まれるゲームそのものが上達する以外の能力の向上がみられたか、ということです。一つのことを練習し続ければ、当然上達はするでしょう。これは「練習効果」として知られています。しかし、脳トレのプログラムの効果は、現実世界の活動にも転移するものでしょうか？　言い換えれば、トレーニング用のゲームが上達する以外に、何か別のことがうまくなるのでしょうか？

3．**効果の維持：**効果はどれくらい続くものなのでしょうか？　トレーニングの効果がトレーニング期間を過ぎても持続するかどうかを考えるのは重要なことです。すべての調査研究がトレーニングプログラムのフォローアップ期間を設けているわけではありませんから、もしかするとトレーニングプログラムの効果は1日、あるいは1週間しか続かないのかもしれません。

これまでに開発されたさまざまなプログラムは、どれくらいこうした基準を満たしているのでしょうか？　次に、世界中の学校で一般的に使われているプログラムについて簡潔に紹介します。

脳トレのためのコンピュータゲーム

脳機能を高めることを目的としたコンピュータゲームは、非常に多くの人の注目を集めました。それらのソフトは楽しいかもしれませんが、学習を向上させるという証拠は何か出されているのでしょうか。ある研究では、学校に通う年齢の子どもたちが任天堂の脳トレゲームを遊ぶことで得られる効果と、紙とペンでできるパズルを行なうことで得られる効果を比較しました。研究者たちによって明らかになったのは、脳トレプログラムには紙とペンのパズルを超える効果がみられないということでした。フォローアップ研究では、小学校中級1年生と2年生（平均年齢10歳〔訳者注：フランスの小学校における研究。日本の小学3〜4年生にあたる〕のワーキングメモリの成績は、6週間コンピュータゲームで遊ばせても向上しないということがわかりました。**学習の転移は起こらなかった**のです（Lorant-Royer et al., 2008, 2010）。

ワーキングメモリトレーニングプログラム

ワーキングメモリを鍛えるトレーニングプログラムには、狭い範囲を鍛えるものと広範囲を鍛えるものの2種類があります。これら2種類の違いを理解するために、運動を例に出してみましょう。狭い範囲のプログラムは1つの領域のみを対象とするもので、腕の筋肉に張りをもたせるためにダンベルを持ち上げるようなものです。反対に、広範囲のプログラムは適用範囲が広く、喩えるならば心臓の血管の健康度を高めるためにランニングをするようなものです。

■狭い範囲のプログラム：この種類のワーキングメモリトレーニングプログラムは、ワーキングメモリを測定する検査と非常によく似ています。たとえば、子どもたちに数字や現れた点の場所を、提示した逆の順序で覚えさせます。こういった狭い範囲のプログラムで、ワーキングメモリは強化されるのでしょうか。今までの研究結果では、一部の子どもたちはワーキングメモリの成績が上がる一方で、それは練習効果の影響かもしれないといわれています。子どもが数週間にわたって数字を逆順で言うことをくり返せば、当然、数字を逆順で覚えるテストではいい結果を出せるでしょう。実際、こういったプログラムを用いたいくつかの研究では、トレーニングのあとすぐに学校の成績が上がるわけではなく、**学習の転移は起こらない**ということを示しています。つまり、ただ単に子どもたちに「検査に向けたトレーニングをさせる」プログラムは、学習への継続する効果を生じさせないかもしれません。

■**広範囲のワーキングメモリトレーニング**：この種類のプログラムでは、ワーキングメモリを重要な学習スキルを活用する状況の中でトレーニングします。ある研究（Alloway, 2012）では、学習障害を抱えた子どもたちを参加者として募り、半数には*Jungle Memory*™という著者が開発したワーキングメモリトレーニングプログラムをさせ、残り半数は、対象となる分野の教育的なサポートを受けさせるという**積極的な関与をした統制群**としました。子どもたちの記憶力、ＩＱ、学業到達度を研究開始時に測定したところ、これらを測る認知テストの成績は両グループとも同じレベルでした。これは、大切な点です。なぜなら、研究開始時には、両グループのレベルに違いはないため、ここでの何らかの改善は、トレーニングの結果、生じていると見なすことができるからです。

図9-1は、研究の前後での統制群とトレーニンググループの成績の違いを示しています。横線で示

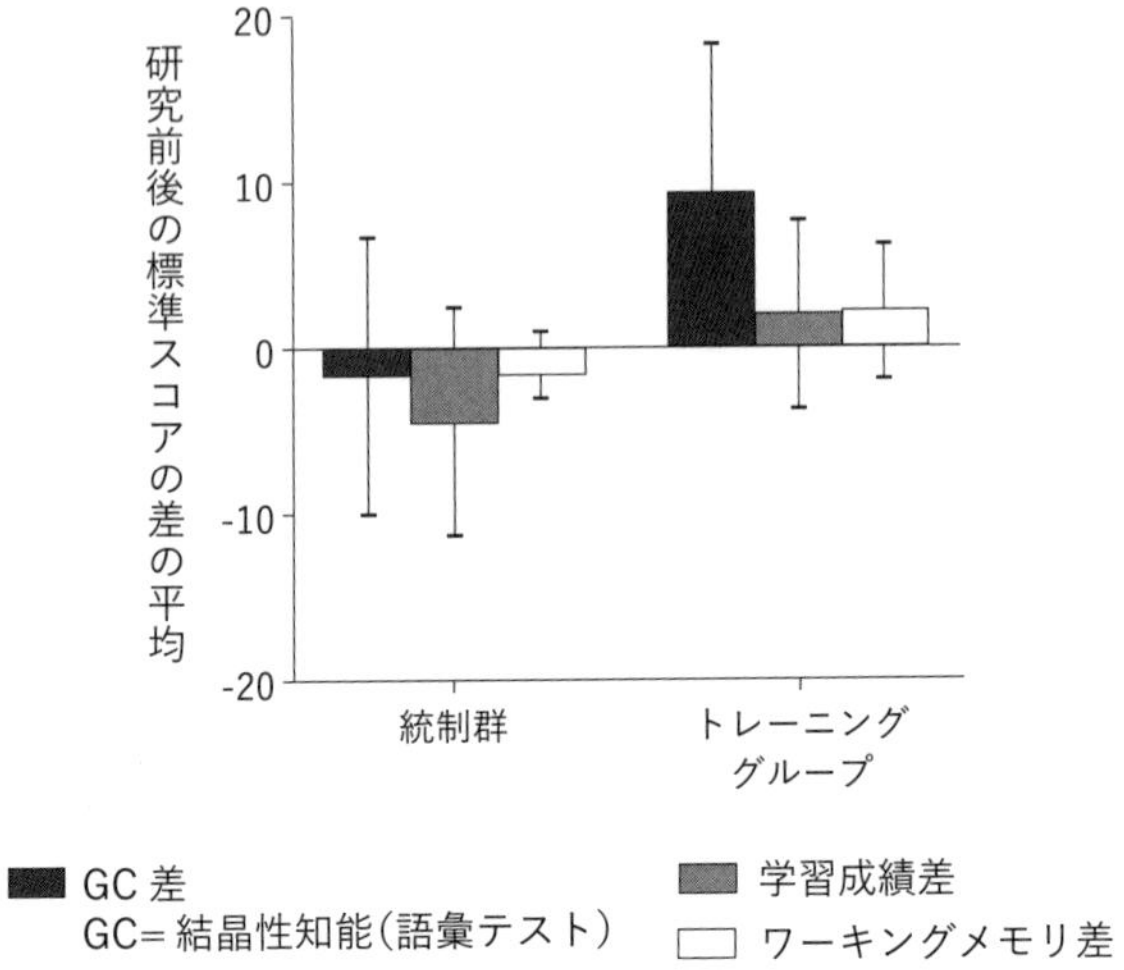

図 9-1　ワーキングメモリトレーニングの影響

した0以下の得点は、8週間前より成績が悪くなったことを、0以上の得点は、8週間を経て成績が向上したことを意味します。

結果は、劇的でした。積極的な関与を受けた統制群（メモリートレーニングは受けていません）の成績に改善はみられませんでした。対照的に、トレーニングを受けたグループに明らかな効果がみられたのは、ワーキングメモリ課題だけではありませんでした。重要なことに、学習成果にも現れたのです。たとえば、綴りに関するテストは、ほぼ偏差値が10向上していました。こうした得点の向上は意味のあることなのでしょうか。答えはYesです。彼らの成績は、ほんの8週間のトレーニングにより、CとBの違い、もしくはBとAの違いほどありました。このことは、標準化された学業到達度を測るテストにおいて、トレーニングの**学習の転移**が起きたことを示しています。

ワーキングメモリのトレーニングを受けたあと、学習達成度が改善するということは、「フリン効果(*Flynn effect*)」として知られているIQの現象と比較することができます。フリン効果とは、IQの成績が過去50年間にわたり、一貫して増大してきていることです。しかしながら、このIQ得点の増加はより穏やかなレベルです。つまり、平均で10年ごとに3ポイント向上しています。その向上と、図9-1で示した増加を比較してみてください。たった8週間のワーキングメモリのトレーニングによって、算数で3ポイント、綴りではより大きく、8ポイントも向上していました。

一つの疑問は、子どもたちはワーキングメモリのトレーニングを受けずにそうした改善を示したかどうかということです。その答えとして、学習困難性を示している8~10歳の子どもを2年間にわたって追跡した先行研究からの知見があります（Alloway, 2009)。これらの子どもたちは全員、2年間ずっと特別な教育的サポートを受けていました。しかし、2年の終わりに学校での成績をテストされたとき、彼らは同年齢の子どもに比べて、下位10パーセンタイルにとどまっていました。この研究が示唆することは、適切なワーキングメモリの支援と訓練を受けることがなければ、ワーキングメモリの小さい子どもは同年齢の子どもたちに「追いつくこと」はできないだろうということです。

すでに出版された約100人の生徒を対象にした研究では、*Jungle Memory*のトレーニングを受けた生徒は8か月後にもトレーニング効果が続いているとのことでした（Alloway, Bible et al., 2013)。その

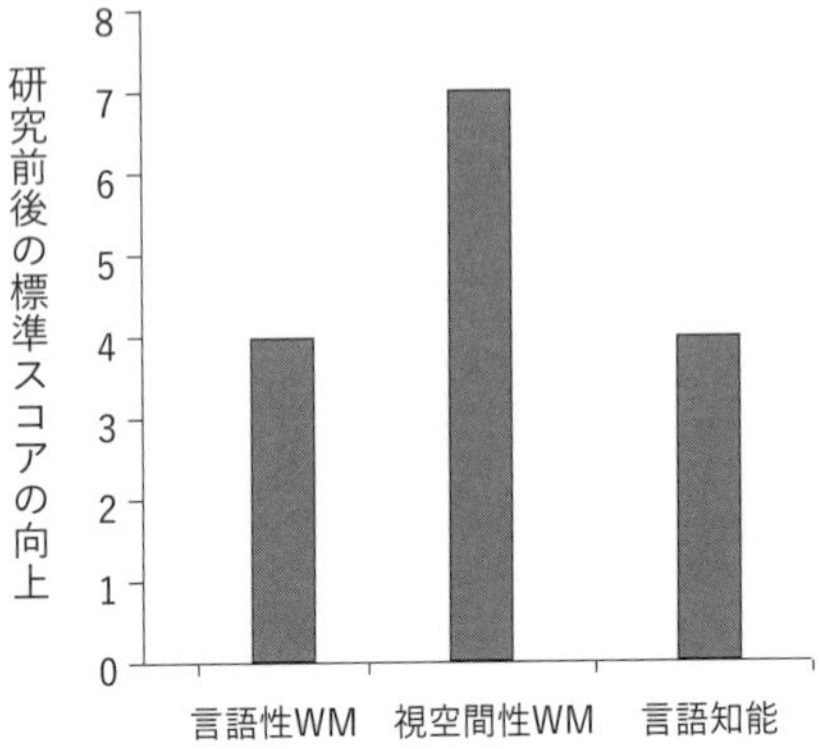

図 9-2　成人のワーキングメモリトレーニングの影響

研究では、積極的な統制群を用いていました。研究が示唆するところによると、定期的に*Jungle Memory*のトレーニングを受けた子どもは、1週間に1回のトレーニングを受けた子どもの5倍のワーキングメモリの得点の上昇を示しました。彼らの言葉と算数の得点もまたかなり改善され、学習の転移効果が生じたことが確認されました。*Jungle Memory*は、ワーキングメモリだけでなく、より重要な学業成績の改善も示しています。

しかし、最も刺激的な知らせが8か月後にもたらされました。つまり、同じ子どもが8か月後に再テストを受けたとき、彼らが達成した改善が維持されていたのです（彼らは全員その期間中、トレーニングを受けていませんでした）。この維持効果により、子どもたちがワーキングメモリに対して継続的な進歩をしたことが示唆されました。

スコットランドの読み書き障害の協会（Dyslexia Scotland）の協力を得て行なった試験的な試みでも、*Jungle Memory*のトレーニングを受けたあと、読字障害を抱える成人がワーキングメモリと言語性ＩＱにおいて重要な成長をしたことが示唆されています。彼らの改善を図9-2に示しました。その試みでは、参加者数が多くなればなるほど、その改善度も上がりました（標準化されたスコアを用いています）。その試みは現在も進行中ですが、今までのところ、適切なワーキングメモリのトレーニングを受けることが継続的な改善につながるという証拠が示されています。

結論

私は、この本を、最近出会った10歳の可愛い女の子のジャスミンの話で終わりたいと思います。私は彼女を英国で支援していますが、彼女は他のすべての女の子と同様に、クラスでうまくやっていきたいと強く思っていました。しかし、彼女は他のクラスメイトに学習でついていくことができませんでした。というのは、彼女は教師の指示を覚えることができませんでしたし、持ってこなくてはならない必要な教科書でさえ覚えることができていませんでした。「学校の生活がたいへん。私は、先生が言ったことを覚えることができない。私ってダメだなぁて感じるしかないの」。英国でのリーディングネットワークのテレビ面接で、ジャスミンはこんなふうに答えました。同じ面接の中で、ジャスミンの母親であるエマはこう言いました。「学校って、いつもジャスミンがダメな子って感じさせるだけの場所です」。エマは、ジャスミンがすべきことを覚えることができず、部屋で一人ぼっちで泣いていたのを見たことがありました。片づけをすることや次の日の授業の準備をするという単純なことでも、むずかしいようでした。

最近、学校心理士によるアセスメントの結果、彼女のワーキングメモリは底辺であったことがわかりました。エマは、このことを知り、解決策を求め、そして*Jungle Memory*に出会いました。ジャスミンは、夏の間、そのプログラムを利用しました。9月、学校が始まり、彼女の教師は驚きました。教師は、ジャスミンがまったく別人のようになっており、おそらくジャスミンが学習に困難があったとはわからないだろうと言っていました。ジャスミンは教室の中で、特別な支援を必要としなくなり、また、成績も改善したのです。

エマは家庭でも大きな改善がみられていることに気づきました。ジャスミンは、フラストレーションを感じることなく、すべきことを終えることができるようになったのです。学校心理士によって再びテストが行なわれました。彼女のＩＱは、同年齢で上位10％になっており、彼女のワーキングメモリも平均レベルになっていたのです。エマは次のように述べています。

「ジャスミンの劇的な改善に興奮していますが、これはすべて*Jungle Memory*のおかげだと思っています。ジャスミンの記憶能力はどんどんよくなっています。彼女は先週、学校で、記憶賞をとりました。喜ばしいことです。記憶能力についてそのような賞を受けることは、以前では絶対なかったことです。」

ジャスミン自身が今の状態を最も的確に述べています。「私は記憶することが得意になってきているし、時間割の準備もできるわ。先生も〝わお!! あなたはたくさん覚えているのね〟と言ってくれるようになったのよ」。

このようなすばらしいニュースはジャスミンだけに限ったものではありません。ワーキングメモリの支援を受けたあと、ワーキングメモリや学習成績が向上したということについて、学校や両親から数多くの報告を受けています。そして、私たちはとても興奮しています。なぜならこうした成果は、日々学習につまずいている生徒にとって、本物の希望を与えるものだからです。目標を定めた方略や、正しいワーキングメモリのトレーニングを行なうことで、子どもの生活を変えていくことができるのです。

要約

1. メタ認知スキルを育てることで、子どもは認知的方略の使い方を学び、自己調整的な学習者になります。
2. 長期記憶は、膨大な情報の貯蔵庫です。それは、新しい情報を学習するときの支えとして利用することができます。
3. 食事や睡眠といった生活習慣を少し変えることで、ワーキングメモリの遂行能力を大きく上げることができます。
4. *Jungle Memory* のようなワーキングメモリのトレーニングプログラムを用いることで、ワーキングメモリ、IQ、学習成績を向上させること、そして、その効果は継続的であることが示唆されています。

エピローグ

ワーキングメモリと学習を支える学校のプログラム

キム　グラント

ワーキングメモリに問題を抱える子どもを見つけ、支援してきた経験を書くように頼まれたとき、興奮すると同時に不安を覚えました。興奮したのは、私が学校で行なってきたことを共有したいと思ってきたからです。しかし、同時に、私の仕事に対する気持ちをどのように伝えたらよいのか心配になりました。最良のことは、私の経験を共有し、私のワーキングメモリに関する出合いを語ることで、教師や心理学者の役に立つようにすることだと思いました。

私のワーキングメモリに関する出合い

私は、スクールカウンセラーとして働いていたとき、思いがけずワーキングメモリの問題にぶつかりました。学習障害の診断を行なっているとき、読みや算数の診断に回されてきた子どもの多くが同時に授業で情報を覚えておくことに問題を抱えていることに気づき始めました。子どもたちにテストをすると、しばしばワーキングメモリに弱さがありました。低い学業成績とワーキングメモリの問題の間に関係があるのではと思いました。答えがわからなかったので、調査を始めました。すると、アロウェイ（Alloway, T. P.）博士らの研究やディーン（Dehn, M.）博士、クリングバーグ（Klingberg, T.）博士などの主要なワーキングメモリ研究者の研究に出合いました。彼らの研究や本を読むことで、ワーキングメモリや学習におけるその役割についての理解を深めました。その後、数年間、私の知識は広がり、ワーキングメモリのスクリーニングをし、問題のある子どもを診断する方法を探し始めました。参加するように学校の教師のチームを説得し、ワーキングメモリに問題のある子どもに対する支援を通常学級や特別支援学級で開発し始めました。

先に進む前に、当時、教育現場でワーキングメモリがどのように知られていたのかを話したいと思います。最初、ワーキングメモリについての私が知っていることは、ウッドコックジョンソンⅢ（Woodcock Jonson Ⅲ）またはウェックスラー知能検査（WISC-V）などの認知テストを使った評価の方法についてだけでした。修士課程でも、ワーキングメモリの教育のトレーニングは受けませんでした。同僚も同様でした。スクールカウンセラーとして仕事をして初めてワーキングメモリがいかに大切なのかに気づきました。ワーキングメモリに問題を抱える子どもに適切な支援ができる専門職員がいなければ、その子どもはどのように支援を受けたらよいのでしょうか。これは、特にスクールカウンセラーにとって重要な問題でした。なぜなら、スクールカウンセラーの仕事は、教師が学習障害の子どもを見つけ、授業で支援することを手助けすることだからです。

私たちは、ワーキングメモリが、基礎的な読み能力、読解、計算、算数の問題解決、作文、口頭表現、聞き取りなどの学校の学習と密接にかかわっていることを知っています。これらの学習スキルは、特別支援教育の8つのうち7つの特異な学習障害領域と重なります。そのため、特別支援教育を実施するとき、スクールカウンセラーは、子どものワーキングメモリを診断することが必要不可欠です。ところが、ほとんどの特別支援教育担当者は、学習障害の同定にワーキングメモリを評価しませんし、ワーキングメモリの問題に対してエビデンスに基づいた介入方法についても認識していません。その結果、ワーキングメモリに問題を抱える多くの子どもが見つけられず、方略を学習し、課題の失敗を減らし、学習機会を最大化するための支援を受ける機会を失っています。こうしたことから、私の学校区の特別支援教育担当者のために、以下の内容をうながすプログラムを作ることにしました。(1) 学習におけるワーキングメモリの働きを理解する。(2) 調整と介入によって授業でのワーキングメモリの働きを支える。(3) 専門のツールを利用して、ワーキングメモリの問題を診断する。(4) ワーキングメモリに焦点をあてた特別教育を開発する。

ワーキングメモリの助成金

この目的達成に向け、ワーキングメモリに問題のある子どもの検査と介入のツールを購入するために、私は学校区の財団の助成金に応募しました。5000ドルが授与されるという返信を受け取ったときがスクールカウンセラーとしての最も栄誉ある瞬間でした。興奮が冷めると、学校区の支援プログラムの開発を主導するという仕事が待っていました。

特別支援課の助けを借りて、委員会を招集し、ワーキングメモリスクリーニング、介入、診断手続きの研究と開発を行ないました。委員会のメンバーは、スクールカウンセラー、経験のある教師、言語聴覚士を含んでいました。個別教育計画（individual education plan: IEP）の必要な子どもにかかわりながら、ワーキングメモリと学習の問題に焦点をあてたプログラムの開発にすべての専門家が参加することが重要でした。

ワーキングメモリのオンラインセミナーと発表

ワーキングメモリ委員会のメンバーと特別支援の担当者は、2年間にわたってアロウェイ博士などから集中的なトレーニングを受けました。トレーニングは、オンラインセミナーと対面の発表を含んでいました。

・ワーキングメモリ理論
・ワーキングメモリと他の心理的プロセスおよび学習領域との関係
・ワーキングメモリのスクリーニングと診断
・ワーキングメモリの調整と介入

その後、ワーキングメモリ委員会は多様なトレーニングを学校の教師に行ないました。教師の感想は良好でした。

・自分にとって新しい情報だが、多くのことが必要であり、子どもたちに実施できることである。
・教示された多くの特徴を有する子どもを担当している。
・発表の間、ワーキングメモリに問題のあるクラスの子どもを確認することができた。以前、こうした問題を考えたことはなかったので、とても役に立つ。
・この情報を利用し、子どもを観察し、ワーキングメモリの問題を見つける予定だ。介入を行なう前に、ワーキングメモリの困難を示していると考えられる子どもを把握する必要がある。介入を早く行なってみたい。
・紹介された介入が役に立つと思われる子どもをすでに何人か心に思い浮かべている。

・重要な情報である。いつくかの方略を用いて、ワーキングメモリに困難があると思われる子どもを支援していきたい。

ワーキングメモリスクリーニング

ワーキングメモリに問題のある子どもを見つけるために使用した標準的尺度は、ワーキングメモリ評定尺度（Working Memory Rating Scale: WMRS）とオートメーティッド・ワーキングメモリ・アセスメント（Automated Working Memory Assessment: AWMA）でした。後者は、言語領域と視空間領域の短期記憶およびワーキングメモリを測定し、子どもの全体的なワーキングメモリ能力の情報を提供します。ほとんどの認知テスト（Woodcock Jonson III, WISC-IV）は、言語領域のワーキングメモリの尺度しか提供しませんが、ＡＷＭＡは、ワーキングメモリにおける弱い点と強い点を正確に測定できます。

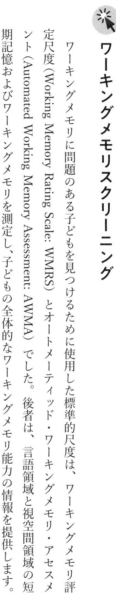

個別教育計画（individual education plan: IEP）

ワーキングメモリに弱さをもつ限局性学習症であると認定された子どもは、特別支援教育を受けることができます。特別支援教育には、認知トレーニングや方略の学習が含まれています。私たちが利用した認知トレーニングは、アロウェイ博士が開発した*Jungle Memory*です。子どもたちは、1週間あたり4・5日、15〜20分間のトレーニングを行ないます。トレーニングのあと、方略の学習を行ないます。

以下は、このプログラムを行なった子どものケース・スタディです。

Case Study

ケース・スタディ：ジョン

ジョンは幼いときから学習に問題を示していました。両親の報告書によると、ジョンが最初に学習の困難を示したのは、幼稚園のときでした。小学校の間、ジョンは夏の補習に参加し、読みや言語の学習を受けました。

ジョンは、言語の障害として、特別支援教育を受けることができました。3年間にわたり、言語のスキルを中心に教育を受けました。3年ごとの個別教育計画の評価にあたり、ジョンはクラスで学習の困難が続いていたので、学習にネガティブな影響を及ぼす心理的な処理の弱さがあるかどうかの認知的診断の実施が推奨されました。診断の結果、言語スキルの改善がみられたものの、短期記憶やワーキングメモリ、処理速度、推論に弱さがみられました。

●認知トレーニング：*Jungle Memory*

ジョンは、*Jungle Memory* の取り扱うすべてのスキルで著しい改善を示しました。プログラムの終了後、ジョンの教師と母親は、以下のように報告しました。

（母親）：ジョンは今年大きく進歩しました。家庭で宿題をほとんど一人で終わらせ、綴りのリストをすべて覚える段階に移行しました。私たちが側で支援することに、彼はますます意欲的なように見えます。

（教師）：算数の知識が向上しました。ジョンの一番得意な教科は算数です。彼は今年、新しいスキルを獲得しつつあります。ジョンは礼儀正しく、ユーモアがあり、相手を敬い、倫理観をもち、いつも最善をつくします。この学年で彼のスキルは大いに上がりました。

●ワーキングメモリの調節と方略

私たちが見いだした授業での重要な調整は以下のものでした。

- 書面でのチェックリストの提示と、各手順での手続きのリマインド
- テスト時間の延長
- 一度に1つの課題の実施
- 気が散るのを防ぐための座席の選択

ジョンのケースマネジャーが学習した記憶方略についての質問をしたとき，彼は「どの方略も難しくないし，教室での情報の獲得に役立つ」と答えました。また，最近，算数のテストがどれほど完璧なのかを熱心に報告しました。彼の再評価の結果は，2年前と比べると標準スコアが著しく向上しました。

ジョンは評価を行なったすべての領域で改善を示しました。最も劇的な改善は，受容言語，言語内容，ワーキングメモリでみられました。受容言語指標と言語内容指標は，**平均**の低から平均へ変化し，ワーキングメモリ指標も改善しました。このような変化は耳にしないではありませんが，尋常ではありません。ケースマネジャーは，スコアの変化の要因として，*Jungle Memory* のトレーニング，方略の教示，授業の調整をあげました。診断の結果と授業成績に基づいて，ジョンは，特別支援教

ジョンの結果：言語基礎の臨床評価第４版
(Clinical Evaluation of Language Fundamentals: CELF-4)

	2011 年 4 月		2013 年 4 月	
	標準スコア	パーセンタイル順位	標準スコア	パーセンタイル順位
言語スコア	91	27	99	47
受容言語指標	85	16	102	55
表出言語指標	93	32	96	39
言語内容指標	84	14	96	39
言語記憶指標	96	39	101	53
ワーキングメモリ指標	72	3	83	17

育から外れました。効果的な教育を受けるための調整が継続的に必要であったため、504 Plan[原注]が始まり、アロウェイ博士らの推奨する方略に基づいて、ジョンの計画に公的な調整が書き込まれました。そしてジョンは、その調整によく応えていきました。そして、今では、特別支援の必要もなく、学年相応の学習をこなしています。

〔原注〕読み書き、計算など1つ以上の主要な日常活動が実質的に制限される障害をもった幼稚園から高校までの児童生徒の教育上のニーズを支援するために、学校チームと保護者が作成するプラン。

私たち委員会とジョンの以前のケースマネジャーの見解は、子どものニーズが適切に把握され、エビデンスに基づいた診断と介入の対象になれば、子どもは成功するというものです。そして、ジョンはその証なのです。

結論

ワーキングメモリに問題ある子どものための学校での支援プログラムを開発することのニーズは高

く、かつ現在、求められていることです。私たちは今や脳がどのように働き、子どもがどのように学習するのか以前よりずっと理解しています。この知識を役立てることが大切です。研究によって、認知的トレーニングと方略の教授によってワーキングメモリが改善することがわかっています。教育者として、記憶に困難を抱える子どもを支援できるツールとトレーニング方法を探すべきです。今日の子どもたちは明日の指導者です。子どもたちが成功し、すべての可能性を実現できるように支援しましょう。

ワーキングメモリ方略のまとめ①

一般的なワーキングメモリ方略のリスト

	3章 読字障害（ディスレクシア）	4章 算数障害（ディスカルキュリア）	5章 発達性協調運動症（DCD）	6章 注意欠如・多動症（ADHD）	7章 自閉スペクトラム症（ASD）	8章 不安症群（Anxiety dsorders）
WMを支援するために、視覚的に提示する	○	○	○			○
WMの負荷を減らすために、活動を短くする	○	○		○		○
WMによる処理を減らすために、情報を分割する	○				○	○
活動中のWMによる処理を減らす	○	○	○		○	
WMの処理を支援するために、学習ツールと視覚補助具を用いる		○				○
記憶を援助する教材の使用		○				
WMがオーバーフローを起こさないように、気が散るものを最小限にする			○		○	○
WMを補強するために、情報を不定期にくり返す				○		○

[訳者注]本文の具体的な方略の説明では「特化した」方略に分類されているものもある。

ワーキングメモリ方略のまとめ②

各学習の困難さに特化したワーキングメモリ方略のリスト

読字障害	文字と単語の構成要素を自動化する（p.66） ワーキングメモリによる処理を減らすために、ゆっくり話す（p.67） ワーキングメモリによる処理を減らすために、指示を録音する（p.67） ワーキングメモリによる処理を減らすために、（情報を）具体的にする（p.69）
算数障害	数的事実を自動化する（p.89） ワーキングメモリを支援するために、見本の算数の問題（模範問題）を与える（p.90）
注意欠如・多動症	視覚的タイマーを使う（p.148） 頻繁に、または不定期にごほうびを与える（p.148） ワーキングメモリを支援するために、動作を使用する ワーキングメモリを支援するために、環境の手がかりを使用する
自閉スペクトラム症	ワーキングメモリがオーバーフローを起こさないように、物理的な刺激を最小限にする（p.181） ルーティン化する（p.181） 新しい情報を彼らの興味関心と結びつける（p.181）
不安症群	ワーキングメモリを支援するために、社会不安を減らす（p.213） 言語性ワーキングメモリを支援するために、社会的な励ましを用いる（p.214） ルーティン化する（p.215） 現実的な予測を作る（p.215） ワーキングメモリの処理が自由にできるように、ストレスの負荷を減らす（p.220） 構造化され、一貫した学習計画を立てる 1対1に対応したワーキングメモリの支援を与える 言語性ワーキングメモリを支援するために、会話ツールを使用する

第２版監訳者解説

湯澤正通

本書は、Alloway, T. P. (2011). *Improving working memory: Supporting students' learning*. Sage Publication.（湯澤美紀・湯澤正通（共訳）『ワーキングメモリと発達障害』北大路書房　２０１１年）の第2版、Alloway, T. P. & Alloway, R. (2015). *Understanding working memory*. Sage Publication. の邦訳である。第1版と比べ、第2版では、取り扱う発達障害を広げるとともに、発達障害とワーキングメモリとの関連について、２０１１年以降の研究成果も踏まえ、具体的なケースや研究のトピックスに言及しながら、たいへんわかりやすく説明をしている。原著第2版の出版から5年以上が経過し、その間、特にワーキングメモリのトレーニングについての研究が多く行なわれたため、最後に監訳者から補足的な解説を加えておく。

２０１０年以降、定型発達または非定型発達（学習困難やＡＤＨＤなど）の子どもまたは成人を対象にしたワーキングメモリのトレーニング研究が爆発的に増加し、そうした研究結果についてメタ分析（全体としてトレーニングの効果がどのくらいみられたかを統計的に分析）を行なった論文が多数公表されている。これらの論文では、近転移効果と遠転移効果が区別されている。近転移効果とは、トレーニング後、トレーニングした記憶課題と似ている課題で成績が向上することである。他方、遠転移効果とは、記憶課題以外の領域、たとえば、知能テストや国語・算数での成績が向上することである。メタ分析の論文や展望論文では、トレーニング後、近転移効果は生じるが、遠転移効果は生じにくいことが示唆されている。トレーニングは、ワーキングメモリの弱さなどが原因で学習に遅れが生じている子どもの成績全般の改善、すなわち遠転移効果を期待して行なわれるため、トレーニングによって期待した効果は得にくいといえるだろう。

さらに、ワーキングメモリトレーニング研究の多くは、ワーキングメモリトレーニングを受ける子どもと同じ期間、何らかのかたちでワーキングメモリを活用する知的な活動を行なうアクティブ統制群を設定しておらず、何もしない統制群との比較であった。わずかながらも、アクティブ統制群を設定した研究があり、それらの研究では、トレーニングの群をアクティブ統制群と比較すると、ワーキングメモリトレーニングの効果はアクティブ統制群とほとんど同等の効果であることがわかった。すなわち、学業成績全般の改善にとって、ワーキングメモリを用いた知的活動であれば、どんな活動でも効果があるといえるのかもしれない。

そもそもワーキングメモリで覚えながら、考えることのできる情報の量は、児童期から青年期にかけて急速に拡大する。それは、子どもが教育を受け、学習することによってワーキングメモリを効率的に働かせることができるようになるからである。そこには、以下の要因が関与している。第1に、知識（語彙、線や形の知識）が増えるからである。第2に、適切な情報に選択的に注意を向け、不要な情報をワーキングメモリから排除する能力が向上するからである。第3に、記憶項目をワーキングメモリに符号化する速さが増すからである。第4に、リハーサルなどの記憶方略を自発的に利用するようになるからである。第5に、個々の情報（言語情報やイメージ）を関連づけて、文脈として記憶する能力が向上するからである。

このことを考慮すると、本書で取り扱われている*Jungle Memory*のワーキングメモリトレーニングの効果は、純粋な記憶のトレーニングではなく、算数や国語の問題も含んでいたからではないかと考えられる。また、ワーキングメモリに問題を抱える子どもに対する介入として、*Jungle Memory*のワーキングメモリトレーニングに加えて、認知的な方略の教示も行なっている。こうした介入は、国語や算数の知識やスキルの獲得、方略の利用や実行機能の向上をうながし、ワーキングメモリの発達とともに、それに支えられた学力の向上に結びついていた可能性がある。

いずれにしても、本書が一貫して主張するように、ワーキングメモリの観点は、学習上の困難を抱える子どもの支援を考えるうえでとても役に立つ。２０２２年12月13日、文部科学省は、「通常の学級に在籍する特別な教育的支援を必要とする児童生徒に関する調査結果（令和４年）について」[注]を公表し、通常の学級に在籍する小中学生の８・８％に学習や行動に困難のある発達障害の可能性があることを示した。しかも、小学生に限ると、その割合が10・4%になる。小中学生の割合は、2012年の前回調査から2・3ポイント増えたということであるが、発達障害自体の割合がそれほど変化するはずはないので、保護者や教員の理解が進み、対象者に気づきやすくなった側面はあるものの、発達障害以外の要因で学習や行動の困難が生じているケースも多いであろう。そうしたケースも含め、学習や行動に困難のある児童生徒について、その困難の原因を明らかにし、その原因に応じた支援を行なうことが重要である。そのために、ワーキングメモリの診断テストや理論が役に立つ。

なお、本書で紹介されているワーキングメモリを診断するテストであるオートメーティッド・ワーキングメモリ・アセスメント（AWMA）および*Jungle Memory*は、2023年1月時点でウェブ上に確認することができない。仮に見つけることができても、英語版なので、日本の子どもに使用することはできない。AWMAを発展させた日本語版のワーキングメモリ診断テストは、監訳者が作成したプログラムを以下のサイトで利用することができる。

https://www.ewmo.or.jp/hucrow/

［注］https://www.mext.go.jp/b_menu/houdou/2022/1421569_00005.htm（2023年1月7日閲覧）

また、ワーキングメモリの理論、理論に基づいた支援やトレーニングについては、本書とともに以下の書籍も参考にしていただきたい。

湯澤美紀・河村 暁・湯澤正通（編著）『ワーキングメモリと特別な支援：一人ひとりの学習のニーズに応える』北大路書房　２０１３年
湯澤正通・湯澤美紀（編著）『ワーキングメモリと教育』北大路書房　２０１４年
湯澤正通・湯澤美紀（著）『ワーキングメモリを生かす効果的な学習支援：学習困難な子どもの指導方法がわかる！』学研プラス　２０１７年
湯澤正通（編著）『知的発達の理論と支援：ワーキングメモリと教育支援』金子書房　２０１８年
湯澤正通（著）『ワーキングメモリに配慮した「読み」「書き」「算数」支援教材』明治図書　２０２２年

索引

引用参考文献

第 1 章

Alloway, T.P. (2009) Working memory, but not IQ, predicts subsequent learning in children with learning difficulties. *European Journal of Psychological Assessment*, 25: 92–8.

Alloway, T.P. & Alloway, R.G. (2010) Investigating the predictive roles of working memory and IQ in academic attainment. *Journal of Experimental Child Psychology*, 106: 20–9.

Alloway, T.P., Alloway, R.G., & Wootan, S. (2014) Home sweet home: Does where you live matter to working memory and other cognitive skills? *Journal of Experimental Child Psychology*, 124: 124–31.

Alloway, T.P., Gathercole, S.E., Kirkwood, H.J., & Elliott, J.E. (2009) The cognitive and behavioral characteristics of children with low working memory. *Child Development*, 80: 606–21.

Alloway, T.P., Gathercole, S.E., & Pickering, S.J. (2006) Verbal and visuospatial short-term and working memory in children: are they separable? *Child Development*, 77: 1698–716.

APA (American Psychiatric Association) (2013) *Diagnostic and Statistical Manual of Mental Disorders: DSM-5*. Washington, DC: American Psychiatric Association.

[参考文献]

Cowan, N. & Alloway, T.P. (2008) The development of working memory in childhood, in M. Courage and N. Cowan (eds), *Development of Memory in Infancy and Childhood*, 2nd edn. Hove: Psychology Press.

Gathercole, S.E. & Alloway, T.P. (2008) *Working Memory and Learning: A Practical Guide*. London: Sage. （ギャザコール, S. E., アロウェイ, T. P.／湯澤正通・湯澤美紀（訳）(2009)　ワーキングメモリと学習指導：教師のための実践ガイド　北大路書房）

Swanson, L. & Alloway, T.P. (2010) Working memory, learning, and academic achievement, in K. Harris, T. Urdan and S. Graham (eds), *APA Educational Psychology Handbook*, Vol. 1. Mahwah, NJ: Erlbaum.

第2章

Alloway, T.P. (2007) *Automated Working Memory Assessment (AWMA)*. London: Psychological Corporation.

Alloway, T.P., Alloway, R.G., & Wootan, S. (2014) Home sweet home: Does where you live matter to working memory and other cognitive skills? *Journal of Experimental Child Psychology*, 124: 124–31.

Alloway, T.P., Doherty-Sneddon, G., & Forbes, L. (2012) Teachers' perceptions of classroom behavior and working memory. *Education Research & Reviews*, 7: 138–42.

Alloway, T.P., Elliott, J., & Place, M. (2010a) Investigating the relationship between attention and working memory in clinical and community samples. *Child Neuropsychology*, 16: 242–54.

Alloway, T.P., Gathercole, S.E., & Elliott, J. (2010b) Examining the link between working memory behavior and academic attainment in children with ADHD. *Developmental Medicine & Child Neurology*, 52: 632–6.

Alloway, T.P., Gathercole, S.E., Kirkwood, H.J., & Elliott, J.E. (2008) Evaluating the validity of the Automated Working Memory Assessment. *Educational Psychology*, 7: 725–34.

Alloway, T.P., Gathercole, S.E., Kirkwood, H.J., & Elliott, J.E. (2009a) The cognitive and behavioral characteristics of children with low working memory. *Child Development*, 80: 606–21.

Alloway, T.P., Gathercole, S., Kirkwood, H., & Elliott, J. (2009b) The Working Memory Rating Scale: a classroom-based behavioral assessment of WM. *Learning & Individual Differences*, 19: 242–5.

Alloway, T.P., Gathercole, S.E., Willis, C., & Adams, A.M. (2004) A structural analysis of working memory and related cognitive skills in early childhood. *Journal of Experimental Child Psychology*, 87, 85–106.

Alloway, T.P., Gathercole, S.E., Willis, C., & Adams, A.M. (2005) Working memory and special educational needs. *Educational and Child Psychology*, 22: 56–67.

Cowan, N. & Alloway, T.P. (2008) The development of working memory in childhood, in M. Courage and N. Cowan (eds), *Development of Memory in Infancy and Childhood*, 2nd edn. Hove: Psychology Press.

Engel, P. M. J., Heloisa Dos Santos, F., & Gathercole, S.E. (2008) Are working memory measures free of socio-economic influence? *Journal of Speech,*

Language, and Hearing Research, 51: 1580–7.

Messer, M.H., Leseman, P.P.M., Mayo, A.Y. & Boom, J. (2010) Long-term phonotactic knowledge supports verbal short-term memory in young native and second language learners. *Journal of Experimental Child Psychology*, 105: 306–23.

[参考文献]

Alloway, T.P. (2007) What can phonological and semantic information tell us about the mechanisms of immediate sentence recall? *Memory*, 15: 605–15.

Alloway, T.P. (2009) Working memory, but not IQ, predicts subsequent learning in children with learning difficulties. *European Journal of Psychological Assessment*, 25: 92–8.

Alloway, T.P. (2011) The benefits of computerized working memory assessment. *Educational & Child Psychology*, 28: 8–17.

Alloway, T.P. & Alloway, R.G. (2013) working memory in the lifespan: a crosssectional approach. *Journal of Cognitive Psychology*, 25: 84–93.

Alloway, T.P., Gathercole, S., Holmes, J., Place, M., & Elliott, J. (2009) The diagnostic utility of behavioral checklists in identifying children with ADHD and children with WM deficits. *Child Psychiatry & Human Development*, 40: 353–66.

Alloway, T.P., Gathercole, S.E., & Kirkwood, H. (2008) *Working Memory Rating Scale*. London: Psychological Corporation.

Alloway, T.P. & Ledwon, F. (2014) Semantic information and working memory in sentence recall in children. *International Journal of Educational Research*, 65: 1–8.

Injoque-Ricle, I., Calero, A., Alloway, T.P., & Burin, D. (2011) Assessing WM in Spanish-speaking children: Automated Working Memory Assessment battery adaptation. *Learning & Individual Differences*, 21: 78–84.

第 3 章

Alloway, T.P., Wootan, S., & Deane, P. (2014) Investigating working memory and sustained attention in dyslexic adults. *International Journal of Educational Research*, 67: 11–17.

Hutzler, F., Kronbichler, M., Jacobs, A.M., & Wimmer, H. (2006) Perhaps correlational but not causal: no effect of dyslexic readers' magnocellular system on their eye movements during reading. *Neuropsychologia*, 44: 637–48.

Shaywitz, B., Shaywitz, S., Pugh, K., Mencl, W., Fulbright, R., Skudlarski, P., et al. (2002) Disruption of posterior brain systems for reading in children

with developmental dyslexia. *Biological Psychiatry*, 52: 101–10.

Shaywitz, S., Shaywitz, B., Fulbright, R., Skudlarski, P., Mencl, W., Constable, R., et al. (2003) Neural systems for compensation and persistence: young adult outcome of childhood reading disability. *Biological Psychiatry*, 54: 25–33.

Swanson, H.L. (2012) Adults with reading disabilities: converting a meta-analysis to practice. *Journal of Learning Disabilities*, 45: 17–30.

Wagner, R.K. & Muse, A. (2006) Working memory deficits in developmental dyslexia, in T.P. Alloway and S.E. Gathercole (eds), *Working Memory in Neurodevelopmental Conditions*. Hove: Psychology Press.

Wagner, R.K., Torgesen, J.K., & Rashotte, C.A. (1994) Development of reading-related phonological processing abilities: new evidence of bidirectional causality from a latent variable longitudinal study. *Developmental Psychology*, 30: 73–87.

[参考文献]

Alloway, T.P. & Archibald, L.M. (2008) Working memory and learning in children with developmental coordination disorder and specific language impairment. *Journal of Learning Disabilities*, 41: 251–62.

Alloway, T.P. & Gathercole, S.E. (2005) The role of sentence recall in reading and language skills of children with learning difficulties. *Learning and Individual Differences*, 15: 271–82.

Alloway, T.P. & Gregory, D. (2013) The predictive ability of IQ and working memory scores in literacy in an adult population. *International Journal of Educational Research*, 57: 51–6.

Berninger, V.W., Raskind, W., Richards, T., Abbott, R., & Stock, P. (2008) A multidisciplinary approach to understanding developmental dyslexia within working-memory architecture: genotypes, phenotypes, brain, and instruction. *Developmental Neuropsychology*, 33: 707–44.

Gathercole, S.E., Alloway, T.P., Willis, C., & Adams, A.M. (2006) Working memory in children with reading disabilities. *Journal of Experimental Child Psychology*, 93: 265–81.

Savage, R., Lavers, N., & Pillay, V. (2007) Working memory and reading difficulties: what we know and what we don't know about the relationship. *Educational Psychology Review*, 19: 185–221.

第4章

Alloway, T.P., Gathercole, S.E., Adams, A.M., Willis, C., Eaglen, R., & Lamont, E. (2005) Working memory and other cognitive skills as predictors of progress towards early learning goals at school entry. *British Journal of*

Developmental Psychology, 23: 417–26.

Bugden, S., Price, G.R., McLean, D.A., & Ansari, D. (2012) The role of the left intraparietal sulcus in the relationship between symbolic number processing and children's arithmetic competence. *Developmental Cognitive Neuroscience*, 2: 448–57.

Friso-van den Bos, I., van der Ven, S., Kroesbergen, E., & van Luit, J. (2013) Working memory and mathematics in primary school children: a meta-analysis. *Educational Research Review*, 10: 29–44.

Vicario, C.M., Rappo, G., Pepi, A., Pavan, A., & Martino, D. (2012) Temporal abnormalities in children with developmental dyscalculia. *Developmental Neuropsychology*, 37: 636–52.

[参考文献]

Alloway, T.P., Gathercole, S.E., Willis, C., & Adams, A.M. (2005) Working memory and special educational needs. *Educational and Child Psychology*, 22: 56–67.

Alloway, T.P. & Passolunghi, M.C. (2011) The relations between working memory and arithmetical abilities: a comparison between Italian and British children. *Learning and Individual Differences*, 21: 133–7.

Bird, R. (2013) *The Dyscalculia Toolkit*, 2nd edn. London: Sage.

Bird, R. (2009) *Overcoming Difficulties with Number*. London: Sage.

Geary, D. (2011) Cognitive predictors of achievement growth in mathematics: a 5-year longitudinal study. *Developmental Psychology*, 47: 1539–52.

Geary, D., Hoard, M.K., Nugent, L., & Bailey, D. (2012) Mathematical cognition deficits in children with learning disabilities and persistent low achievement: a five year prospective study. *Journal of Educational Psychology*, 104: 206–23.

Raghubar, K., Barnes, M., & Hecht, S. (2010) A review of developmental, individual difference, and cognitive approaches. *Learning and Individual Differences*, 20: 110–22.

第5章

Alloway, T.P. (2007) Working memory, reading and mathematical skills in children with developmental coordination disorder. *Journal of Experimental Child Psychology*, 96: 20–36.

Alloway, T.P. & Archibald, L.M. (2008) Working memory and learning in children with developmental coordination disorder and specific language impairment. *Journal of Learning Disabilities*, 41: 251–62.

Alloway, T.P. & Temple, K.J. (2007) A comparison of working memory profiles and learning in children with developmental coordination disorder and moderate learning difficulties. *Applied Cognitive Psychology*, 21: 473–87.

Alloway, T.P. & Warner, C. (2008) The effect of task-specific training on learning and memory in children with developmental coordination disorder. *Perceptual and Motor Skills*, 107: 273–80.

Missiuna, C., Moll, S., King, G., Stewart, D., & MacDonald, K. (2008) Life experiences of young adults who have coordination difficulties. *Canadian Journal of Occupational Therapy*, 75: 157–66.

Tsai, C.L., Chang, Y.K., Hung, T.M., Tseng, Y.T., & Chen, T.C. (2012) The neurophysiological performance of visuospatial working memory in children with developmental coordination disorder. *Developmental Medicine & Child Neurology*, 54: 1114–20.

[参考文献]

Henderson, S.E. & Sugden, D.A. (2007) *Movement ABC Checklist*. Harlow: Pearson Education.

第６章

Alloway, T.P. & Elsworth, M. (2012) An investigation of cognitive skills and behavior in high-ability students. *Learning and Individual Differences*, 22: 891–5.

Alloway, T.P., Elliott, J., & Holmes, J. (2010) The prevalence of ADHD-like symptoms in a community sample. *Journal of Attention Disorders*, 14: 52–6.

Alloway, T.P., Elsworth, M., Miley, N., & Sekinger, S. (2014) Computer use and behavior problems in twice-exceptional students. *Gifted Education International*.

Alloway, T.P., Gathercole, S.E., Kirkwood, H.J., & Elliott, J.E. (2009a) The cognitive and behavioral characteristics of children with low working memory. *Child Development*, 80: 606–21.

Alloway, T.P., Gathercole, S., Holmes, J., Place, M., & Elliott, J. (2009b) The diagnostic utility of behavioral checklists in identifying children with ADHD and children with working memory deficits. *Child Psychiatry & Human Development*, 40: 353–66.

Alloway, T.P., Lawrence, A., & Rodgers, S. (2013) Antisocial behavior: exploring behavioral, cognitive and environmental influences on expulsion. *Applied Cognitive Psychology*, 27: 520–6.

CDC (Centers for Disease Control and Prevention) (2013) Attention-deficit hyperactivity disorder: data and statistics. www.cdc.gov/ncbddd/adhd/

data.html (retrieved February 2014).

Holmes, J., Gathercole, S., Place, M., Alloway, T.P., & Elliott, J. (2010) An assessment of the diagnostic utility of EF assessments in the identification of ADHD in children. *Child & Adolescent Mental Health*, 15: 37–43.

Reiss, M.J. (1993) Organizing and running a residential fieldtrip. *School Science Review*, 74: 132–5.

[参考文献]

Alloway, T.P. (2011) A comparison of WM profiles in children with ADHD and DCD. *Child Neuropsychology*, 21: 1–12.

Alloway, T.P. & Cockcroft, K. (2012) Working memory in ADHD: a comparison of British and South African children. *Journal of Attention Disorders*. DOI: 10.1177/1087054711417 39.

Alloway, T.P., Elliott, J., & Place, M. (2010) Investigating the relationship between attention and working memory in clinical and community samples. *Child Neuropsychology*, 16: 242–54.

Alloway, T.P., Gathercole, S.E., & Elliott, J. (2010) Examining the link between working memory behavior and academic attainment in children with ADHD. *Developmental Medicine & Child Neurology*, 52: 632–6.

Alloway, T.P., Rajendran, G., & Archibald, L.M. (2009) Working memory profiles of children with developmental disorders. *Journal of Learning Difficulties*, 42: 372–82.

Alloway, T.P. & Stein, A. (2014) Investigating the link between cognitive skills and learning in non-comorbid samples of ADHD and SLI. *International Journal of Educational Research*, 64: 26–31.

Barkley, R. (2006) *Attention-Deficit Hyperactivity Disorder: A Handbook for Diagnosis and Treatment*, 3rd edition. New York: Guilford Press.

Barkley, R., Murphy, K., & Kwasnik, D. (1996) Psychological adjustment and adaptive impairments in young adults with ADHD. *Journal of Attention Disorders*, 1: 41–54.

Gathercole, S.E., Alloway, T.P., Kirkwood, H.J., & Elliott, J.E. (2008) Attentional and executive function behaviors in children with poor working memory. *Learning and Individual Differences*, 18: 214–23.

第7章

Alloway, T.P., Rajendran, G., & Archibald, L.M. (2009) Working memory profiles of children with developmental disorders. *Journal of Learning Difficulties*, 42: 372–82.

Courchesne, E. & Pierce, K. (2005) Brain overgrowth in autism during a critical time in development: implications for frontal pyramidal neuron and interneuron development and connectivity. *International Journal of Developmental Neuroscience*, 23: 153–70.

Happe, F. (1995) The role of age and verbal ability in the theory-of-mind task performance of subjects with autism. *Child Development*, 66: 843–55.

Koshino, H., Carpenter, P., Minshew, N., Cherkassky, V., Keller, T., & Just, M. (2005) Functional connectivity in an fMRI working memory task in highfunctioning autism. *Neuroimage*, 24: 810–21.

Koshino, H., Kana, R., Keller, T., Cherkassky, V., Minshew, N., & Just, M. (2008) fMRI investigation of working memory for faces in autism: visual coding and underconnectivity with frontal areas. *Cerebral Cortex*, 18: 289–300.

Luna, B., Minshew, N.J., Garver, K.E., Lazar, N.A., Thulborn, K.R., Eddy, W.F., and Sweeney, J. (2002) Neocortical system abnormalities in autism: an fMRI study of spatial working memory. *Neurology*, 59: 834–40.

[参考文献]

Baron-Cohen, S. (1993) *Autism and Asperger Syndrome: The Facts*. Oxford: Oxford University Press. （バロン＝コーエン，S.／水野 薫・鳥居深雪・岡田 智（訳）(2011) 自閉症スペクトラム入門：脳・心理から教育・治療までの最新知識　中央法規出版）

第８章

Ashcraft, M.H. & Kirk, E.P. (2001) The relationship among working memory, math anxiety, and performance. *Journal of Experimental Psychology*, 130(2): 224–37.

Castaneda, A.E., Suvisaan, J., Marttuen, M., Perälä, J., Saarni, S.I., Aalto-Setäläa, T., Lönnqvista, J., and Tuulio-Henriksson, A. (2011) Cognitive functioning in a population-based sample of young adults with anxiety disorders. *European Psychiatry*, 26(6): 346–53.

Elzinga, B.M. & Roelofs, K. (2005) Cortisol-induced impairments of working memory require acute sympathetic activation. *Behavioral Neuroscience*, 119(1): 98–103.

Johnson, D.R. & Gronlund, S.D. (2009) Individuals with lower working memory capacity are particularly vulnerable to anxiety's disruptive effect on performance. *Anxiety, Stress & Coping*, 22(2): 201–13.

Owens, M., Stevenson, J., Hadwin, J.A., & Norgate, R. (2014) When does anxiety help or hinder cognitive test performance? The role of working memory capacity. *British Journal of Psychology*, 105: 92–101.

Visu-Petra, L., Cheie, L., Benga, O., & Alloway, T.P. (2011) Effects of anxiety on memory storage and updating in young children. *International Journal of Behavior Development,* 35(1): 38–47.

Vytal, K.E., Cornwell, B.R., Letkiewicz, A.M., Arkin, N.E., & Grillon, C. (2013) The complex interaction between anxiety and cognition: insight from spatial and verbal working memory. *Frontiers in Human Neuroscience,* 7: 1–11.

[参考文献]

Lupien, S.J., McEwen, B.S., Gunnar, M.R., & Heim, C. (2009) Effects of stress throughout the lifespan on the brain, behaviour and cognition. *Nature Reviews Neuroscience,* 10(6): 434–45.

第 9 章

Alloway, T.P. (2009) Working memory, but not IQ, predicts subsequent learning in children with learning difficulties. *European Journal of Psychological Assessment,* 25, 92–8.

Alloway, T.P. (2012) Can interactive working memory training improving learning? *Journal of Interactive Learning Research,* 23: 1–11.

Alloway, T.P., Bibile, V., & Lau, G. (2013) Computerized working memory training: can it lead to gains in cognitive skills in students? *Computers & Human Behavior,* 29: 632–8.

Alloway, T.P., Gathercole, S.E., Kirkwood, H.J. & Elliott, J.E. (2009) The congnitive and behavioural characteristics with low working menory. *Child Development,* 80, 606–21.

Alloway, T.P., Horton, J., Alloway, R.G., & Dawson, C. (2013) The impact of technology and social networking on working memory. *Computers & Education,* 63: 10–16.

Crichton, G.E., Elias, M., Dore, G., & Robbins, M. (2012) Relation between dairy food intake and cognitive function: the Maine–Syracuse Longitudinal Study. *International Dairy Journal,* 22: 15–23.

Lorant-Royer, S., Munch, C., Mesclé, H., & Lieury, A. (2010) Kawashima vs 'Super Mario'! Should a game be serious in order to stimulate cognitive aptitudes? *European Review of Applied Psychology,* 60: 221–32.

Lorant-Royer, S., Spiess, V., Goncalves, J., & Lieury, A. (2008) Programmes d'entraînement cérébral et performances cognitives: efficacité ou marketing? De la gym-cerveau au programme du Dr Kawashima. *Bulletin de Psychologie,* 61: 531–49.

Macready, A., Kennedy, O., Ellis, J., Williams, C., Spencer, J., & Butler, L.

(2009) Flavonoids and cognitive function: a review of human randomized controlled trial studies and recommendations for future studies. *Genes & Nutrition*, 4: 227–42.

Northstone, K., Joinson, C., Emmett, P., Ness, A., & Paus, T. (2011) Are dietary patterns in childhood associated with IQ at 8 years of age? A population-based cohort study. *Journal of Epidemiology and Community Health*, 66(7): 624–8.

Whitney, P. & Rosen, P. (2012) Sleep deprivation and performance: the role of working memory, in T.P. Alloway and R.G. Alloway (eds), *Working Memory: The Connected Intelligence*. New York: Psychology Press. （アロウェイ，T. P.，アロウェイ，R. G.（編著）／湯澤正通・湯澤美紀（訳）(2015) 第９章　断眠とパフォーマンス：ワーキングメモリの役割　ワーキングメモリと日常：人生を切り拓く新しい知性　認知心理学のフロンティア　北大路書房）

［参考文献］

Alloway, T.P. & Alloway, R.G. (2012) The impact of engagement with social networking sites (SNSs) on cognitive skills. *Computers and Human Behavior*, 28: 1748–54.

Francis, S.T., Head, K., Morris, P.G., & Macdonald, I.A. (2006) The effect of flavanol-rich cocoa on the fMRI response to a cognitive task in healthy young people. *Journal of Cardiovascular Pharmacology*, 47: S215–S220.

Jungle Memory™ (www.junglememory.com)

Narendran, R., Frankle, W., Mason., N., Muldoon, M., & Moghaddam, B. (2012) Improved working memory but no effect on striatal vesicular monoamine transporter type 2 after omega-3 polyunsaturated fatty acid supplementation. *PLOS ONE* 7: e46832.

O'Brien, D. (2009) *Learn to Remember*. London: Duncan Baird. Pilcher, J. & Huffcutt, A. (1996) Effects of sleep deprivation on performance: a meta analysis. *Sleep*, 19: 318–26. （ドミニク・オブライエン，D.／甲斐智子（訳）(2002)　記憶力を伸ばす技術：記憶力の世界チャンピオンが明かす画期的なテクニック　産調出版）

Smith, M., Rigby, L., Van Eekelen, A., & Foster, J. (2011) Glucose enhancement of human memory: a comprehensive research review of the glucose memory facilitation effect. *Neuroscience and Biobehavioral Reviews*, 35: 770–83.

Steenari, M.R., Vuontela, V., Paavonen, E.J., Carlson, S., Fjallberg, M., & Aronen, E. (2003) Working memory and sleep in 6- to 13-year-old schoolchildren. *Journal of the American Academy of Child and Adolescent Psychiatry*, 42: 85–92.

監訳者紹介

湯澤 正通（ゆざわ・まさみち）

1992年　広島大学大学院教育学研究科博士課程後期修了　博士（心理学）
現　在　広島大学大学院人間社会科学研究科教授

［主著・論文］
ワーキングメモリがぐんぐんのびるワークシート：学習の基礎をつくる記憶機能トレーニング　合同出版　2023年
ワーキングメモリに配慮した「読み」「書き」「算数」支援教材　明治図書　2022年
ワーキングメモリを生かす効果的な学習支援：学習困難な子どもの指導方法がわかる！（共著）　学研プラス　2017年

湯澤 美紀（ゆざわ・みき）

2001年　広島大学大学院教育学研究科博士課程後期単位取得満了
2002年　博士（心理学）（広島大学）
現　在　ノートルダム清心女子大学人間生活学部児童学科教授

［主著・論文］
わらべうたと心理学の出会い：子どもも大人もぐんぐん育つ（編著）金子書房 2021年
ワーキングメモリと英語入門：多感覚を用いたシンセティック・フォニックスの提案（編著）　北大路書房　2017年

訳者紹介

上手 幸治（かみて・こうじ）

2004年　九州大学人間環境学府博士後期課程心理臨床コース単位満期取得後満了
現　在　広島経済大学教養教育部准教授

［主著・論文］
通常学級で不適応を示した発達障害の生徒に対する特別支援学級への移行支援　学校メンタルヘルス，**24**，58-67．2021年
公認心理師実践ガイダンス：家族関係・集団・地域社会（共著）　木立の文庫 2019年

上手 由香（かみて・ゆか）

2006年　広島大学大学院教育学研究科博士課程後期修了　博士（心理学）
現　在　広島大学大学院人間社会科学研究科准教授

［主著・論文］
世代継承性研究の展望：アイデンティティから世代継承性へ（編著）　ナカニシヤ出版　2018年
エピソードでつかむ生涯発達心理学（共著）　ナカニシヤ出版　2013年

著者紹介

トレイシー・アロウェイ ………………………… Tracy P. Alloway

英国エジンバラ大学でPh.D.を取得後，英国スターリング大学の記憶・学習センターの所長を経て，現在，米国ノースフロリダ大学心理学教授。

ワーキングメモリ，発達障害，特別支援教育に関する多数の論文や著書がある。
現在，TV，ラジオ，ネットなどさまざまな媒体を通して，ワーキングメモリ理論に基づき，生き方や学び方の改善に向けた発信を行っている。https://tracypackiam.com/

ロス・アロウェイ ………………………………… Ross G. Alloway

現在，Memosyne Ltdの最高執行責任者（CEO）。

Jungle Memoryの開発者。Jungle Memoryは，20か国以上で何千人もの子どもに利用されている。
本書も含め，ワーキングメモリに関してトレイシー・アロウェイ博士との共著や共編著があり，また裸足で走ることがワーキングメモリに及ぼす影響などについての研究論文がある。

ワーキングメモリと発達障害［原著第2版］
――教師のための実践ガイド

2024年9月20日　初版第2刷発行

定価はカバーに表示してあります

著　者　トレイシー・アロウェイ
　　　　ロス・アロウェイ
監訳者　湯澤正通
　　　　湯澤美紀
発行所　（株）北大路書房
〒603-8303　京都市北区紫野十二坊町12-8
電　話　（075）431-0361（代）
FAX　（075）431-9393
振　替　01050-4-2083

編集・デザイン・装丁　上瀬奈緒子（綴水社）
印刷・製本　創栄図書印刷（株）
 ISBN978-4-7628-3225-3　Printed in Japan